Lutz E. Dreesbach

DIE GUTEN DINGE

Manufakturen in Nordrhein-Westfalen

Droste Verlag

Alle
MANUFAKTUREN
auf einen Blick

liebe Leserin, lieber Leser,

der Begriff Manufaktur leitet sich ab von den beiden lateinischen Wörtern manus (Hand) und facere (tun, herstellen). So lag es fast schon „auf der Hand", die Gruß- und Schlussformel dieses Vorworts handschriftlich zu formulieren – übrigens mit einem aus einem afrikanischen Hartholz handgefertigten Füller des Stiftemachers Thomas W. Dieker (S. 12 ff.).

Den Anstoß zu diesem Buch gaben wiederholte Besuche mit meiner Frau auf Handwerkermärkten und Schlossfesten an Rhein und Ruhr. Hier lernte ich den einen oder anderen Hand-Arbeiter und seine Produkte kennen, seien es die Erzeugnisse des Bonbonmachers Anno 1900 (S. 48 ff.), der kompotterie (S. 88 ff.) oder der Historischen Senfmühle Monschau (S. 152 ff.).

Die vertiefende Beschäftigung mit dem Thema Manufaktur ließ mich zahlreiche kleine, aber auch mittelständische Unternehmen entdecken, die sich auch heute noch dem traditionellen Handwerk in Verbindung mit den technischen Möglichkeiten der Gegenwart widmen. Ob Geigen oder Hüte, Uhren oder Manschettenknöpfe, Glocken oder Krawatten – das vorliegende Buch stellt Macherinnen und Macher aus Nordrhein-Westfalen vor, die mit einem beachtlichen Handarbeits-Anteil hochwertige und individuelle Produkte erzeugen. In ihren Betrieben überwiegt nicht der Lärm von Maschinen. Vielmehr sind hier fleißige Hände am Werk, die polieren oder nähen, schmieden oder backen, weben oder destillieren.

Historisch betrachtet waren Manufakturen die Übergangsform von den kleinen Handwerksbetrieben zum industriellen Zeitalter. In der frühen Neuzeit gründeten die Fürsten erste Seiden- und Porzellanmanufakturen, in denen sie zahlreiche Handwerker unterschiedlicher Zünfte unter einem Dach vereinten.

Später folgten Spinnereien und Schmuckmanufakturen. Anders als in mittelalterlichen Handwerksbetrieben wurde die Produktion in Manufakturen arbeitsteilig organisiert, oft unter Verwendung neuartiger Werkzeuge. Dadurch stieg die Produktivität der Arbeiter deutlich.

Seit einigen Jahren sind Manufakturen wieder verstärkt im Gespräch. Sie stehen für Qualität, Individualität und – durch die vielfach regionale und Ressourcen schonende Herstellung – auch für Nachhaltigkeit. Ihre Erzeugnisse sind zugleich auch eine Antwort auf die zunehmende Ermüdung der Konsumenten durch die Massenproduktion vornehmlich im Ausland. Sie sind deshalb auch bereit, gutes Geld für gute Ware auszugeben. Dabei sind in aller Regel nicht die Manufaktur-Angebote zu teuer, sondern die industriell hergestellten Produkte zu billig. Klasse statt Masse – dafür stehen die traditionsreichen Familienbetriebe ebenso wie viele neue Manufakturen mit kreativen Ideen und Impulsen.

Dieses Buch vermittelt einen Eindruck, welch schöne und anspruchsvolle Erzeugnisse in Nordrhein-Westfalen mit viel Handarbeit geschaffen werden, und gibt Einblicke in alte und doch so junge Herstellungstechniken. Die Manufakturen an Rhein und Ruhr dürfen stolz darauf sein, dass auch sie zu den weltweiten Botschaftern hiesiger Handwerkskunst zählen.

Eine angenehme und informative Lektüre wünscht Ihnen

Lutz E. Zellerbach

Pott au Chocolat

„Schokolade ist wie eine echte Diva"

Schokolade spricht die Sinne an. Wer den Laden auf der Kaiserstraße betritt, der genießt den Duft nach Kakao und Gewürzen, nach Zimt und Marzipan, nach reifen Früchten und Likören, mal süß, mal ein wenig bitter. Im dezenten Scheinwerferlicht buhlen die Stars der Manufaktur um Aufmerksamkeit: farbenfroh überzogene **Pralinées,** Trüffel und Schokokugeln in außergewöhnlichen Geschmacksrichtungen - Lavendel Preiselbeere, Balsamico Kirsch, Spekulatius Zitrus Traum, Marzipan Pistazie. „Wir decken das gesamte Alphabet süßer Verlockungen von A wie Akaziensamen über J wie Joghurt und K wie Koriander bis V wie Veilchen und Z wie Zitronenmelisse ab, natürlich aus besten Zutaten gemacht", betont der sorgfältige Handwerker und Abschmecker.

Marielis Langehenke ist eine weltoffene Journalistin, künstlerisch inspirierte Architektin und Genießerin ausgesuchter Schokolade. Manfred Glatzel ist ein erfahrener Patissier, Gastronom und Hotelier, experimentell und kreativ. Privat verbindet sie das Eheversprechen, beruflich die Leitung ihrer Schokoladenmanufaktur Pott au Chocolat in Dortmund. Während Marielis Langehenke als das Gesicht des am Valentinstag 2008 gegründeten Unternehmens gilt, wird ihr Mann als die Hand und die Zunge von Pott au Chocolat gesehen.

Der Weg zur heutigen Schokoladenmanufaktur mit zwei Geschäften in Dortmund und seit Sommer 2017 einer Filiale in Frankfurt a. M. war kein leichter. Nachdem Marielis Langehenke 2003 ihre Agentur für die Konzeptionierung von Messen und Events aufgegeben hatte, gönnte sie sich eine Auszeit als **Tauchlehrerin** in der Dominikanischen Republik und Thailand - und lernte Manfred Glatzel kennen. Als der Entschluss stand, das Leben künftig gemeinsam zu meistern, stellte sich die Frage nach dem Wo und Wie. Gemeinsam reisten beide nach **Mexiko.** Dort wurde der Gedanke, ein Hotel mit Tauchbasis zu eröffnen, jedoch verworfen und stattdessen die Heimreise nach Deutschland angetreten. Und nun?

„Wie wäre es mit Schokolade?" Als die gebürtige Dortmunderin eines Tages diese Frage in den Raum gestellt hatte, kam ihr Mann ins Grübeln: „Warum eigentlich nicht?" Es folgten Monate,

in denen Marktanalysen durchgeführt, Lehrgänge besucht und Experimente in der Keller-Küche gestartet wurden. „Nach einem Jahr des Fluchens hatten wir dann verstanden, wie Schokolade tickt", erinnert sich Glatzel. „Sie müssen dabei wissen, dass Schokolade eine echte Diva ist", ergänzt seine Frau.

2008 wagten die beiden dann den Start in das süße Unternehmertum mit einem 50 Quadratmeter großen Geschäft auf der Hansastraße. Der **Erfolg** stellte sich schneller ein als erwartet. Einer der Gründe war zweifellos die Lage unweit der Oper und des Konzerthauses. „Die kulturbeflissenen Besucher wissen auch zu genießen, wovon wir natürlich bis heute profitieren", gesteht Langehenke.

Zwei Jahre nach dem Start stellte sich die Frage nach einer denkbaren Expansion. „Nach reiflicher Überlegung und Abwägung von Vor- und Nachteilen haben wir uns dann dazu entschieden, auf der Kaiserstraße eine **gläserne** Produktion mit einem Verkaufsraum zu eröffnen. Eine Entscheidung, die wir nie bereuen mussten", freut sich das Duo, das mit rund 20 Pralinensorten begonnen hat. Mittlerweile liegt deren Zahl bei 120, abgestimmt auf die jeweilige Saison. Die Ideen für die verschiedenen Kreationen kommen aus dem mittlerweile zwölfköpfigen Team, die anschließend in der Produktion umgesetzt werden. „Vieles probieren wir aus, manches verwerfen wir danach auch", so Glatzel. Sein Erfolgskonzept formuliert er so: „Geduld, **Fingerspitzengefühl,** Liebe zum Detail und eine große Portion Fantasie und Neugier."

Bei allem Spaß am Experimentieren sei er an einem Punkt stur: „Wir verwenden ausschließlich Qualitätsprodukte. In unsere Küche kommen nur erlesene, frische Zutaten – ohne künstliche Konservierungsstoffe oder künstliche Aromen." Deshalb sähen sie auch ganz genau hin, woher der **Kakao** für ihre Pralinen kommt. Tansania, Java, Brasilien und Ecuador seien nur einige Länder, aus denen Pott au Chocolat seinen Kakao bezieht. „Dabei ist es uns wichtig, den fairen und ökologischen Anbau zu unterstützen. Deshalb arbeiten wir auch mit Schokoladenproduzenten zusammen, die sich vor Ort direkt engagieren. Diese übernehmen nicht nur für die Qualität der Schokolade Verantwortung, sondern

INFO
Pott au Chocolat GmbH
Kaiserstraße 61
44135 Dortmund
www.pottauchocolat.de

auch für die Bauern und die **Ökologie** der Herkunftsregionen", betont die Genuss-Unternehmerin.

Zu den Highlights des breit gefächerten Sortiments, zu dem seit einigen Jahren auch Macarons gehören, zählen Pralinen mit verschiedenen regionalen Motiven aus dem Pott und dem neuen Standort Frankfurt a. M. Auf den quadratischen Variationen finden sich zum Beispiel das Dortmunder U, das **Konzerthaus** oder das Westfalenstadion ebenso wieder wie die Frankfurter Börse oder der Römer.

Der Preis für eines der in sorgfältiger Handarbeit hergestellten süßen Kunstwerke liegt bei 1,20 Euro. „Unsere hochwertigen Pralinen sollen kein Ersatz für die einfache Tafel Schokolade vor dem Fernseher sein. Sie sollen zelebriert werden und ein **Lebensgefühl** vermitteln. Und diesen kleinen Luxus gönnt man sich entweder selbst oder verschenkt ihn", so Glatzel, der seinen Kunden den Spaß am Genießen vermitteln möchte.

Da er auch die Herstellung von besonders schmackhaftem Eis gelernt hat, präsentiert er in wärmeren Jahreszeiten sein kühles Alternativprogramm. Anstelle einer mit Spitzmorchel oder Pflaume-Nelke gefüllten Praline favorisieren die Kunden dann eher eine Kugel Mokka oder auch Salz-Karamell. Denn nicht nur Schokolade macht glücklich. Da pfeift man auch gerne mal auf die Kalorien, die diese Verführer mit sich bringen. Doch Glatzel entwarnt zur Erleichterung seiner Kunden: „In keiner unserer Pralinen sind mehr als **33 Kalorien** enthalten!" Sagt's und greift bedenkenlos nach einer seiner Kreationen, in der er Sesam und Honig verschmolzen hat. „Hmmm ..."

02

TeWeDe Der Stiftemacher

„Ein Brief wird nie abgehört"

Schon in jungen Jahren hatte sich der gebürtige Essener der Musik verschrieben. Als Sechsjähriger wirkte er bei den Domsingknaben seiner Heimatstadt mit, lernte mit neun Jahren Klavier und saß bereits fünf Jahre später an einer **Orgel.** „Dieses Musikinstrument hat mich als handwerkliches Gerät unglaublich fasziniert und mich bis heute nicht losgelassen", sagt Dieker.

S ie heißen nicht Montblanc oder Faber Castell, nicht Dupont oder Caran d'Ache – und dennoch sind es hochwertige Schreibgeräte, die gegenüber den industriellen Herstellern einen besonderen Vorteil haben: Sie sind handgearbeitete Unikate. „Der Stiftemacher", wie sich Thomas W. Dieker nennt, fertigt seit rund 20 Jahren Füller und Kugelschreiber, Tintenroller und Druckbleistifte aus edlen Hölzern.

16 Lenze zählte er, als er aus einer Laune heraus einen Weihnachtsmarkt ansteuerte und dort einen Drechsler entdeckte. „Fünf Stunden habe ich dem Mann zugeschaut und war begeistert von seiner Arbeit", erinnert er sich. Es dauerte nicht lange, da hatte er selbst ein Teil im häuslichen Keller stehen, mit dem man auch drechseln konnte. Doch das reichte dem **Teenager** nicht. Also verbrachte er viele Stunden bei einem Drechsler in Essen und schaute ihm über die Schulter. Wenig später stand für Dieker fest: „Ich möchte Orgelbauer werden, die Musik mit dem Handwerk verbinden." Doch der elterliche Einfluss auf die Berufswahl war größer. „Mein Vater machte mir schnell klar, dass ohne Abitur nichts laufen würde." Nachdem das Zeugnis der Reife vorlag, absolvierte der Abiturient die Aufnahmeprüfung für **Kirchenmusik** an der Folkwang-Hochschule in Essen und begann seine Musikausbildung für Orgel und Violoncello.

Doch dann die Rebellion. „Während meiner vielfachen Aushilfstätigkeit als Organist, bei der ich Einblicke in Interna des Klerus erhielt, habe ich mich von dem Thema Kirchenmusik schnell verabschiedet und mich auf ein Cello-Studium konzentriert", blickt Dieker zurück. Seinen Lebensunterhalt finanzierte er u. a. mit Engagements in verschiedenen Orchestern, als **Privatmusiklehrer** und mit einem Folkwang-Lehrauftrag.

Anlässlich eines Gastspiels in Chicago wurde der Holz-Fan, der zwischenzeitlich auch ein Cembalo gebaut hatte, auf ein zeitgleich stattfindendes Symposium für Drechsler aufmerksam. „Dort lernte ich einen Schreibgeräte-Hersteller kennen, der Mechaniken für Druckbleistifte präsentierte", schildert Dieker. Zurück in Essen, machte er sich an die Arbeit, fertigte seine ersten Stifte, verteilte sie unter Freunden und stieß dabei auf große Resonanz.

Den Ausschlag dazu, dass aus dem anfänglichen Hobby wenig später Beruf wurde, gab die Mutter einer seiner Cello-Schülerinnen. Sie war auf die Schreibgeräte aufmerksam geworden und lud den Künstler zu ihrem **Weihnachtsmarkt** ein. Nachdem sich der Gebetene zunächst gegen das Ansinnen gewehrt hatte, sagte er schließlich doch zu – und erlebte ein unvergessliches Wochenende. „Alleine schon die vielfältige Kommunikation mit Kunden war für mich ganz neu und spannend. Hinzu kam, dass das Geschäft mit meinen Schreibgeräten mehr einbrachte als das Musizieren bei einem Weihnachtsoratorium", so Dieker.

INFO

TeWeDe Der Stiftemacher
Reichenbergstraße 18
48249 Dülmen
www.tewede.com

Auf einem Kunsthandwerkermarkt im schleswig-holsteinischen Trittau feierte er als „Der Stiftemacher" seine offizielle **Premiere** – nur mit einem einfachen Zelt und einem Drechselbank-Untergestell. Das sollte sich ändern: Dieker professionalisierte sein Tun, war fast an jedem Wochenende auf einem entsprechenden Markt anzutreffen und schränkte sein musikalisches Wirken immer mehr ein. Aus dem Musiker wurde der Kunsthandwerker, der Anfang der 2000er-Jahre einen **Werkstattanhänger** mit einem speziell von ihm geschaffenen Innenausbau zu seinem Arbeitsplatz auf Märkten und anderen Events gestaltete. Hier demonstriert Dieker den Besuchern einzelne Verarbeitungsschritte bis hin zum fertigen Stift.

Der Prozess beginnt neben der Beschaffung von Mechanik- und Metallteilen mit dem Einkauf von speziellen einheimischen und **exotischen** Hölzern – von Goldregen über Ahorn und Eibe bis hin zu afrikanischen und südamerikanischen Harthölzern. „Ich habe immer rund 20 Holzarten auf Lager, die auf kleinstem Raum eine interessante Struktur haben müssen", betont der mittlerweile in Dülmen lebende Kunsthandwerker. Diese ihm als Baumstammabschnitte gelieferten Hölzer, die er zu Brettern verarbeitet, müssen zuvor je nach Dicke etwa drei Jahre luftge-trocknet werden. Aus der Brettware entstehen kleinere Teile, die nach einem erneuten **Trocknungsprozess** auf ihr endgültiges Format gesägt werden. Danach werden die extrem harten Hölzer in unterschiedlichen Durchmessern durchbohrt und mit einer Messingröhre versehen. „Diese vorbereiteten Rohlinge sieht der Kunde und kann daraus das von ihm präferierte Holz aussuchen. Vor seinen Augen drechsle ich dann frei Hand das gewählte Modell und kann dabei auch spezielle Wünsche berücksichtigen", schildert Dieker.

Etwa eine Stunde dauert es, ehe der Rohling mit 2000 Umdrehungen in der Minute gedrechselt und mit entsprechenden Metallteilen und Gewindestücken versehen ist. Bei der Endbehandlung setzt der Stiftemacher auf eine **Schellackpolitur,** die aus der gereinigten Ausscheidung der ostindischen Schildlaus gewonnen und in Spiritus gelöst wird.

Rund 20 verschiedene Modelle zu Preisen zwischen 75 und 750 Euro bietet Dieker auf Veranstaltungen von Nord bis Süd an, aber auch in seinem Onlineshop. „Neun von zehn Schreibgeräten wechseln an meinem Werkstattwagen ihren Besitzer. Hier macht sich vor allem das **Vertrauen** der Kunden in die handwerkliche Arbeit bezahlt, die sie vor Ort bei der Herstellung der Unikate verfolgen können", betont er.

Beeinflussen vor allem E-Mails und Kurznachrichten sein Geschäft? „Besondere Gedanken und Briefe bringt man mit einem besonderen Schreibgerät und nicht mit einem schmierenden Wegwerf-Kugelschreiber zu Papier. Daran hat sich nichts geändert – im Gegenteil. Der **Füller** ist stark im Kommen", freut sich Dieker, der keine sicherere Kommunikation als mit einem geschriebenen Brief kennt: „Der wird niemals abgehört!"

Thomas W. Dieker
www.stiftemacher.de

Müsing

Strandkörbe made in Bielefeld

„Ohne meine Frau wäre alles anders gekommen", blickt Senior-chef Gerd Müsing rund drei Jahrzehnte zurück. Er erinnert ich noch genau an die regelmäßigen Urlaube an Nord- und Ostsee, als die Kinder klein waren. Kaum angekommen, wurde sofort ein Strandkorb gemietet. Müsing betrieb damals eine kleine **Tisch-lerei.** „Irgendwann nach einem Ur-laub an der See meinte meine Frau, dass ein Strandkorb doch auch gut in unseren Garten passen würde", beginnt er eine spannende und zu-gleich amüsante Geschichte zu er-zählen.

Nein, der Teutoburger Wald und die Region Ostwestfalen stehen nicht gerade für kilometer-lange Sandstrände und idyllische Badeseen. Und dennoch ist Bielefeld Sitz des größten deutschen Strand-korb-Herstellers fernab von einla-denden Gewässern. Was mit einem innerfamiliären Geheimprojekt be-gann, hat sich über die Jahre hinweg zu einer bedeutenden Manufaktur entwickelt, in der noch echte Hand-werkskunst gepflegt wird.

Der in jedem Jahr aufs Neue liebevoll vorgetragene Wunsch seiner Frau motivierte ihn. „Beim nächsten Urlaub habe ich mir un-seren Strandkorb genau angeguckt, umgekippt, vermessen und fotogra-fiert." Zurück in Bielefeld, begann Müsing ein entsprechendes Gestell zu bauen. Und das **Geflecht?** „Zum Glück zeigte sich die Frau meines Meisters bereit, diesen Job zu übernehmen. Sie war heilfroh, als das Werk vollbracht war", so ihr mitfühlender Auftraggeber.

Nachdem der Korb blau-weiß gepolstert war, stellte Müsing ihn klammheimlich in den Garten und löste bei seiner Frau Freu-de pur aus. „Wissen Sie, Frauen können so eine liebevolle **Pene-tranz** haben", schmunzelt er. Eine Eigenschaft, die er fortan noch intensiver kennenlernen sollte. „Unsere Freunde und Bekannte haben auch Frauen. Als sie uns besuchten und den Strandkorb entdeckten, waren die Damen begeistert und artikulierten un-überhörbar ihr Verlangen", formuliert Müsing. Zunächst habe er sich erfolgreich gewehrt, doch das nicht enden wollende Drängen habe ihn auf Dauer genervt – und dazu geführt, dass er weitere Exemplare herstellte, jedoch ohne die Hilfe der Meister-Frau.

„Zum Glück fand ich nach langer Suche einen **Korbmachermeister** im Kreis Höxter, der das Flechten übernahm."

Als sich die Zahl der angefragten Strandkörbe auf etwa 20 erhöht hatte, begann es bei Müsing zu arbeiten: Wäre es nicht sinnvoll, parallel zur Tischlerei die Korbherstellung als zweites Standbein aufzubauen? Nachdem er ein entsprechendes Konzept entwickelt hatte, präsentierte er sein Angebot auf einer regionalen Wirtschaftsmesse, um hier den **Durchbruch** zu erzielen. „Doch die Besucher haben mich für verrückt erklärt und mich unverhohlen ausgelacht", erinnert sich der enttäuschte Aussteller.

Doch aus Frust wurde Freude. In den Wochen danach erreichten Müsing gut zwei Dutzend Aufträge, ein Jahr später 150, wiederum ein Jahr danach 300. Danach gab es kein Halten mehr. Die Produktion wurde in eine größere Halle verlagert, Großhändler gewonnen, das Geschäft über die Grenzen hinaus aufgebaut, zahlreiche Gebrauchs- und Geschmacksmuster angemeldet, ein Außendienst aufgebaut. Das Geflecht aus Kunststoff kommt von einem deutschen **Qualitätshersteller.** In Tschechien betreibt Müsing seit mehr als zwei Jahrzehnten ein Zweigwerk. Dort wird eine einfachere Strandkorblinie im Niedrigpreissegment gefertigt. Zusätzlich wurde eine spezielle Linie zur Selbstmontage entwickelt, die als preiswertes Einstiegsmodell angeboten wird. „Dagegen habe ich mich zunächst gewehrt, doch dann habe ich dem Drängen meiner beiden Söhne Jörn und Volker nachgegeben", räumt der Senior ein. Ihr Argument überzeugte ihn: Wenn sich junge Kunden einen günstigen Strandkorb über die Baumarktschiene beschaffen, trifft man sie vermutlich in späteren Jahren als Käufer von **hochwertigeren** Körben im Fachhandel wieder.

Als einer der größten Produzenten in Deutschland mit rund 70 Mitarbeitern am Standort Bielefeld, darunter Tischler, Polsterer, Flechter und Schlosser, stellt die Müsing GmbH & Co. KG hohe Ansprüche an die Qualität. Darum werden nur ausgesuchte Materialien eingesetzt, die den spezifischen Anforderungen entsprechen. Jeder Strandkorb der Fachhandelslinie **SonnenPartner** wird in der Bielefelder Manufaktur in Handarbeit gefertigt – von Mitarbeitern, die ihr Handwerk verstehen, unterstützt von moderner Technik.

03

Damit die Möbel wetterfest sind, wird hochwertiges robustes Holz mit speziellen Tauch- und Lackiermethoden auf seinen Außeneinsatz vorbereitet. Beim Flechten ist ein hohes Maß an Fachwissen, handwerklichem Geschick und jahrelanger Erfahrung gefragt. Nach wie vor werden die in der Manufaktur gefertigten Flechtkörbe nach **traditionellem** Muster von Hand hergestellt. Auch beim Zuschneiden und Nähen der hochwertigen Stoffe sowie beim anschließenden Polstern und Beziehen sind Sorgfalt und Know-how Voraussetzungen für ein perfektes Ergebnis.

Das SonnenPartner-Geschäft profitiert zweifellos davon, dass der Strandkorb zu einem **Kultstatus** mit positivem Image wurde, und das nicht nur am Meer, wo seine Geschichte gegen Ende des 19. Jahrhunderts begann. Dem Urmodell von einst ähneln die SonnenPartner-Körbe kaum noch. Me-

tallteile und Beschläge sind heute wetterfest verzinkt oder aus Edelstahl, Holzteile imprägniert, Stoffe hochwertiger und haltbarer, ganz zu schweigen von den zahllosen Extras: Ob Bistrotisch oder iPad/Tablet-Halterung, Beleuchtung oder **Sektkühler** zum Einhängen, Teleskopauszug der Fußstützen für besonders lange Beine oder motorbetriebene Verstellung des Dachs – eine Fülle an Modellen, Materialien, Stoffen und Zubehör erlaubt eine individuelle Zusammenstellung, die jeden Korb zu einer ganz persönlichen „Trauminsel" macht.

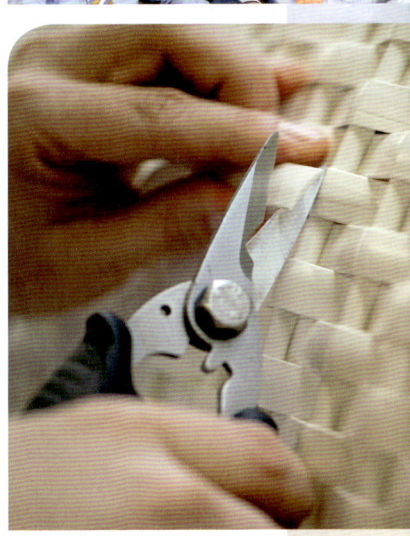

Vertrieben werden die Strandkörbe von Sylt bis München. Aber auch in zahlreichen europäischen Ländern, den USA, in Dubai und sogar in Japan setzen Kunden auf Strandkörbe made in Bielefeld. Das Gros der auch im **Fachhandel** vertriebenen Körbe liegt preislich bei etwa 1200 bis 1500 Euro. Je nach Ausfertigung kann aber auch schon mal die 4000-Euro-Grenze überschritten werden.

Bonner Ölmanufaktur

Ein Plus in Sachen Gesundheit

Öle aus eigener Herstellung und exquisite Essigsorten – das ist das Spezialgebiet des Rheinländers mit **türkischen** Wurzeln. Schon mit 16 Jahren begann er, in einem Feinkostgeschäft zu arbeiten, nachmittags nach der Schule. Seine Eltern waren zwei Jahre zuvor aus Bonn in die Türkei zurückgekehrt. Yahya musste mit, obwohl er sich als Kind der damaligen Bundeshauptstadt fühlte. „Hier war ich aufgewachsen, hier bin ich zur Schule gegangen, hier hatte ich meine Freunde", erzählt er. Nach zwei Jahren in der Türkei wollte er unbedingt zurück. Kurz vor seinem 16. Geburtstag reiste er wieder nach Deutschland ein, alleine, ohne Eltern. Mithilfe von Freunden fand er eine kleine Wohnung und eine Schule, die ihn aufnahm. „Das war die **Voraussetzung,** um bleiben zu können", erinnert sich Oeruemcek.

Kalt gepresst, nativ, raffiniert, vergine extra: Für den Normalverbraucher ist der Weg durch den Etiketten-Dschungel der Speiseöle nicht frei von Hürden. Mittlerweile ist zwar den meisten Supermarkt- oder auch Fachgeschäftskunden bekannt, dass zum Beispiel native Öle gesund sind. Doch was genau dahintersteckt, bleibt vage. Dabei sagen die Angaben nicht nur etwas über die Qualität aus, sondern auch über die Zubereitung. Eine Antwort auf alle Fragen rund ums Speiseöl hat Yahya K. Oeruemcek, Gründer und Inhaber der Bonner Ölmanufaktur.

Mit 28 Jahren machte sich der gelernte Groß- und Außenhandelskaufmann 1998 zum ersten Mal selbstständig, seinerzeit noch zusammen mit zwei Partnern. Auch dieses Geschäft verkaufte Öl und Essig, allerdings nicht aus eigener Herstellung. „In den damaligen Räumlichkeiten war dafür auch gar kein Platz", so Oeruemcek.

Doch im Laufe der Jahre wurde sein Wunsch, die Qualität der verkauften Erzeugnisse selbst steuern zu können, immer größer. Im „Haus Zimmermann" in der Bonner Südstadt, einer ehemaligen Bäckerei mit historischer Fassade, fand er einen geeigneten Standort. In der einstigen **Backstube** des Gebäudes war ausreichend Platz für das Herzstück seiner neuen Manufaktur, die Ölpressen. „Wir mussten lange experimentieren, bis alles so geklappt hat, wie wir es uns vorgestellt hatten. Während der Pressung darf das Öl nicht wärmer als 30 Grad Celsius werden, weil andernfalls

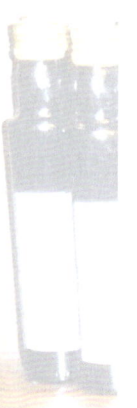

wertvolle Inhaltsstoffe verloren gehen und sich außerdem der Geschmack verändert", erklärt der Kenner. Dies sei ein Prozess, der eine sorgfältige, langsame Verarbeitung voraussetze, weil andernfalls die erstrebte **Qualität** nicht zu erreichen sei. Entwickelt hat Oeruemcek die Presse zusammen mit einem seiner Mitarbeiter, dem Ingenieur Heinrich Jordan. Mittlerweile hat er die Manufaktur ausgelagert und presst 16 verschiedene Öle in einem benachbarten Bonner Stadtteil.

Ob Walnussöl oder Aprikosenkernöl, Mohnöl oder Pekannussöl, Senföl oder Hanföl – auf mittlerweile fünf Pressen stellt das kleine Team die nativen Öle her, zu einem großen Teil in Handarbeit. „Nativ steht dafür, dass der Rohstoff nicht behandelt wurde, sondern naturrein weiter zu Öl gepresst wurde", erläutert der Unternehmer, der für die Herstellung Kerne und Saaten bester Qualität aus kontrolliert biologischem Anbau verwendet. Täglich frisch presst er natives Leinöl, „das goldgelbe Wunder vom blauen Feld", das als Omega-3-Lieferant nicht nur bei Medizinern und Feinschmeckern sehr gefragt ist: „Leinöl ist ein **Segen** für die Gesundheit, das auch noch vorzüglich schmeckt, solange es frisch ist."

Es sei eine Ernährungslüge, wenn behauptet werde, dass alle Öle gleich gesund und gleich wertvoll seien. Oeruemcek klärt auf: „Die Besonderheit bei den **kalt gepressten** Ölen besteht darin, dass im Zuge der Pressung keine Wärmebehandlung wie bei den raffinierten Ölen stattfindet. Allerdings ist die Ausbeute bei den kalt gepressten Ölen geringer, weil lediglich die einfachen Fette herausgelöst werden. Diese Öle werden also nur gefiltert und anschließend abgefüllt."

Durch die schonende Art der Verarbeitung bleiben bei den kalt gepressten Ölen mehr gesunde Inhaltsstoffe wie Vitamine und essenzielle Fettsäuren erhalten. Konkret handelt es sich um die Vitamine A und E, verschiedene Mineralien, Enzyme und Geschmacksstoffe sowie die einfach und auch mehrfach ungesättigten Fettsäuren. Kalt gepresste Öle verbuchen aber nicht nur ein Plus in Sachen **Gesundheit,** sondern auch bezüglich der Qualität. Weil das natürliche Aroma erhalten bleibt, eignen sie sich bestens als Geschmacksträger in Salaten. Zum Braten sind sie dagegen die

falsche Wahl. Die hohen Temperaturen zerstören die Inhaltsstoffe. Hier können sogar ungesunde Substanzen entstehen.

„Wir sind kein teures Feinkostgeschäft. Wenn ein Student zu uns in den Laden kommt, habe ich auch ein Öl, das zu seinem Geldbeutel passt", räumt der Manufaktur-Chef ein. **Kundenbindung** – das ist ihm wichtig. Deshalb verkauft er außer Öl und Essig auch frisches Obst und Gemüse. „Daran verdiene ich kaum etwas. Aber es ist ein wichtiges Angebot für die Leute in unserem Viertel", betont er. Gerade die vielen älteren Menschen seien froh, für zwei Äpfel oder einen Kopfsalat keine weiten Wege zurücklegen zu müssen. „Und manch einer nimmt dann eben für den Salat auch gleich noch das passende Öl mit", zwinkert Oeruemcek, der immer wieder von angehenden Ernährungswissenschaftlern ebenso um Rat gefragt wird wie von anderen Experten.

Zusammen mit einem Auszubildenden zählt das Manufaktur-Team fünf Mitarbeiter. Azubis zu beschäftigen ist für den Unternehmer wichtig: „Ich will einfach meinen Beitrag für das soziale **Gemeinwohl** leisten. Dabei nehme ich zumeist diejenigen, die kein anderer haben will, und fahre damit seit Jahren gut." Zu seinen Kunden zählen nicht nur ortsansässige Genießer, sondern Feinschmecker aus ganz Deutschland, die ihr favorisiertes Öl oder ihren bevorzugten Essig auch online bestellen. „Auf der Suche nach entsprechenden Spezialitäten hat uns aber auch die Köchin Masako Matzuzaki gefunden. Seitdem sie bei uns einkaufen war, beliefern wir ihr Restaurant in **Japan** mit unseren Produkten", verrät der erfolgreiche Unternehmer. ■

Graef

Von Heftzwecken zu Allesschneidern

Hermann Graef, der als 16-jähriger Schüler von Thüringen nach Arnsberg kam, gründete 1920 mit seinen drei Brüdern die Firma. In dem ersten bescheidenen Werksgebäude in einem Hinterhof entwickelte und produzierte das Quartett die unterschiedlichsten Artikel. Das Programm reichte von Gardinenstangen über Holzspielzeug bis zu **Heftzwecken.** Anfang der 1930er-Jahre konstruierten die Graefs Maschinen für die Herstellung von Heftzwecken und stellten zudem Spanholzschachteln für die Aufbewahrung der Reißbrettstifte her.

In den Jahren des Zweiten Weltkrieges, in denen die Brüder ihren Militärdienst absolvierten, wurden in ihrem Werk Lohnarbeiten für andere Unternehmen aus der südwestfälischen Industrieregion erledigt. Als wenn die Zeiten nicht schon hart genug gewesen wären, bombardierten und sprengten die Alliierten in der Nacht zum 17. Mai 1943 die benachbarte Möhnetalsperre. Durch die Wassermassen, die sich durch die nahe liegenden Ortschaften ergossen, wurde auch ein großer Teil des Graef-Werkes zerstört.

Nach dem Krieg und der Übernahme des Unternehmens durch vier Söhne des Firmengründers versuchten sich diese zunächst in der Entwicklung und der Herstellung von **Nähmaschinen,** gaben dieses Vorhaben wenig später aber ebenso auf wie die Produktion von Langloch-Bohrmaschinen, von denen nur einige wenige verkauft wurden. Der Startschuss zu der heutigen Bedeutung des Familienunternehmens erfolgte bei einem Rundgang der Graefs über die Kölner Frühjahrsmesse 1952. Dort lernten sie einen Handelsvertreter kennen, der sie mit der Frage konfrontierte: „Könnt ihr aufgrund eurer Erfahrung in der Metallverarbeitung auch Schneidemaschinen für Lebensmittel herstellen?" Nachdem drei

In einer Welt kurzlebiger Gebrauchsgüter gewinnt das Qualitätsprodukt eine immer größere Bedeutung. Entsprechenden Bedürfnissen kommen Markenartikel wie zum Beispiel die Haushaltsgeräte der Gebr. Graef GmbH & Co. KG entgegen. Der mittelständische Betrieb mit Sitz im sauerländischen Arnsberg, der seit nahezu 100 Jahren existiert, baut mit seinen vielfältigen Aktivitäten auf einer sorgfältig behüteten und kontinuierlich weiterentwickelten Tradition auf.

Monate danach der erste **Prototyp** geboren war, wurde dieses Produkt mit der Bezeichnung G-160 zum Schneiden von Schinken und Wurst in 250-facher Ausfertigung bestellt, hergestellt und geliefert. Das Schicksal wollte es, dass ausgerechnet dieses erste Schneidemaschinen-Geschäft platzte – die Ware blieb unbezahlt.

Da offensichtlich ein Markt für derartige Produkte vorhanden war, entwickelten die Firmeninhaber in den Jahren danach weitere handbetriebene Geräte, die qualitativ immer hochwertiger wurden und ansprechendere Designs erhielten. Nachdem Ende der 1950er-Jahre die erste elektrische Schneidemaschine für gewerbliche Anwendungen präsentiert worden war, beauftragten die sauerländischen Firmenchefs ihre Entwickler mit der Arbeit an einem motorgetriebenen Gerät für den privaten Haushalt. 1967 lag das Ergebnis in Form der EH 170 T vor, die erste elektrische Haushalts-Allschnittmaschine in Metallausführung. Das Besondere an diesem Gerät war die **schräge** Anfertigung des Motors zum Messer, damit Scheiben während des Schneidens nicht am Gehäuse zerbrechen. Diese einzigartige Konstruktion der Schneidemaschine, die zudem mit 49 Phon auch noch die leiseste war, ließ sich Graef beim Deutschen Patentamt schützen.

INFO
Gebr. Graef GmbH & Co. KG
Donnerfeld 6
59757 Arnsberg
www.graef.de

„Dieses Produkt hatte für uns eine vergleichbare Bedeutung wie das **iPhone** für Apple. Da die Funktion dieser komplett in Metall hergestellten Maschine den Markt überzeugt hat, konnten wir sie in millionenfacher Ausfertigung verkaufen", freut sich Andreas Schmidt, der – ebenfalls als Mitglied der Gründerfamilie – gemeinsam mit Hermann Graef die Geschäfte des Unternehmens führt.

Ob für den privaten oder gewerblichen Bereich - als „Spezialist rund ums Schneiden" liefert der rund 120 Mitarbeiter zählende Betrieb seit Jahrzehnten mit ständigen Produktneuheiten Problemlösungen für das Schneidgut, verstärkt auch für den Einsatz in Fleischereien, Supermarktketten und in der Gastronomie. So kann der professionelle Kunde bei einer voll automatisierten Schneidemaschine unter 80 verschiedenen Parametern in zwölf unterschiedlichen Sprachen auswählen. „Das Display zeigt ihm zum Beispiel auf Englisch an, dass er sein Schneidgut in einer Härte von 0,7 Millimeter gestapelt haben möchte oder auf **Tür-**

kisch, dass er es in einer Dicke von einem Millimeter als Kreis geschnitten haben möchte", erläutert Schmidt.

Nach wie vor werden die Allesschneider, mehr als 100.000 pro Jahr, per Hand Stück für Stück in der Arnsberger Manufaktur zusammengebaut. „Wir beschäftigen hier Montagegruppen von vier bis fünf Mitarbeitern, die eine komplette **Produktserie** fertigen", betont Schmidt, der gemeinsam mit Hermann und Reinhard Graef die Anteile an dem Unternehmen hält. Für eine große voll automatisierte Maschine baue ein Mitarbeiter bis zu 1200 Teile zusammen. Dies könne einen Tag lang dauern. Dagegen veranschlagt Schmidt für einen Haushalts-Allesschneider 15 bis 45 Minuten.

Rund 70 Prozent der in Arnsberg gefertigten Geräte entfallen auf den privaten Bereich, der Rest auf gewerbliche Kunden. „Etwa 90 Prozent vertreiben wir über Geschäfte, in denen Geräte mit Steckern erhältlich sind", so Schmidt, der den Exportanteil der gewerblichen Maschinen auf 50 Prozent beziffert, den des privaten Bereichs auf 30 Prozent.

Schmidt räumt ein, dass Graef Allesschneider „nicht gerade die billigsten sind", vor allem im Vergleich zur klassischen Industrieware. „Unsere Kunden müssen uns abnehmen, dass sie für ihr Geld einen adäquaten **Gegenwert** erhalten, der auch nach vielen Jahren noch feststellbar sein muss", formuliert der Geschäftsführer. So habe ihn unlängst ein Kunde mit einer Maschine aus dem Jahr 1962 besucht, bei der lediglich das Messer geschärft werden musste. Service sei ohnehin einer der Trümpfe bei Graef: „Wenn jemand eine defekte Maschine von uns vorbeibringt, dann reparieren wir die sofort. Das passiert übrigens mehrmals in der Woche."

GelatoMio Eismanufaktur

Zwei Kostproben für Papst Franziskus

„Der Industriepark mit der Grünen Mitte passt hervorragend zu unserem Anspruch einer Biomanufaktur", schwärmt Toni Manusé, der gemeinsam mit seiner Frau Rosie in dritter Generation die lange Familientradition der italienischen Eisherstellung fortführt.

Coesfeld, Industriepark Nord. Westfalen. Wo einst auf einem ehemaligen Kasernengelände Soldaten und gepanzerte Fahrzeuge das Bild bestimmten, haben sich einige Unternehmen angesiedelt, aber auch Fledermäuse und Amphibien. Der „Grünen Mitte" in diesem Industriepark liegt die Idee des Gleichgewichts zwischen industrieller Nutzung und Schutz der Natur zugrunde. Eine Idee, die auch die Familie Manusé hierhin gelockt hat: Sie gestaltete das ehemalige Offizierscasino in eine moderne Produktionsstätte ihrer GelatoMio Eismanufaktur um.

Zu Beginn des 20. Jahrhunderts begann sein Großvater Toni in Sizilien mit der Herstellung von Speiseeis. Bereits 1903 rollte sein „Carrettino", ein hölzerner **Eiswagen,** durch Wien, wo seine Klassiker wie Vanille und Schokolade auf positive Resonanz stießen.

Mit den Familienrezepten im Gepäck wanderte der Gründersohn, ebenfalls ein Toni, 1957 nach Australien aus. Die Armut in seiner Heimat trieb ihn nach Melbourne, wo er nach 31-tägiger Passage auf einem Frachtschiff landete und sich mit Hilfsarbeiten über Wasser hielt. „In dieser Zeit heirateten viele ausgewanderte Sizilianer in Australien. Als sie immer mehr nach Eis anstelle des üblichen Gebäcks für ihr Hochzeitsmahl fragten, gab es für meinen Vater kein Zurück mehr. 1959 verkaufte er seine erste Kugel Eis in einer **Melbourner** Markthalle", erzählt sein Sohn.

Sechs Jahre später kehrte der Auswanderer nach Sizilien zurück. Ende der 1960er-Jahre entschieden sich Toni und seine Frau Angelina, nach Deutschland zu kommen. Mit ihrem kleinen Fiat-900-Eiswagen fuhren sie Jahr für Jahr von März bis Oktober täglich rund 150 Kilometer durch das Münsterland und bimmelten die neuerdings **eisverrückten** Deutschen aus ihren Häusern. Vier Behälter zählte der Wagen, gefüllt mit den klassischen Sorten. 25 Jahre rollte der Eiswagen durch die Region. 1982 eröffneten die

sizilianischen Macher ein kleines Verkaufsgeschäft in Gescher, wo sie ihr Eis am Fenster anpriesen – nicht täglich, sondern nur dann, wenn die vorhandene Menge ausreichte. Schon damals, als von Bio noch kaum jemand sprach, verarbeitete das Ehepaar nur die beste Milch und verzichtete konsequent auf Konservierungs-, Farb- und Zusatzstoffe. 1998 kam eine Eisdiele in Rosendahl hinzu.

Als sein Vater Ende 2010 seinen dritten Herzinfarkt erlitt, gab es für seinen Sohn keine Alternative: „Du musst jetzt aufhören!" Der damals 80-jährige Senior zeigte zwar Einsicht, litt aber darunter, dass die Ära des sizilianischen **Eisclans** zu Ende gehen sollte. „Daraufhin haben meine Frau und ich entschieden, ein neues Manusé-Kapitel zu schreiben", betont der damals in Sizilien als Anwalt tätige Jurist. Auch für seine Frau Rosie, die bis dahin in der Bekleidungsfirma ihres Vaters Anzüge entwarf, war der Neuanfang keine allzu große Herausforderung: „Nach meiner Heirat habe ich mich ins Eis verliebt", gesteht sie. 2012 übernahm sie den Betrieb des Schwiegervaters und stellte die Produktion auf **Bio-Eis** um.

INFO

GelatoMio Eismanufaktur GmbH
Hertzstraße 1
48653 Coesfeld
www.gelatomio.de

Die „maestra gelateria" hat es verstanden, mit innovativen Ideen und unbändigem Unternehmergeist neue Geschmacksrichtungen zu kreieren und klassische Eisrezepturen weiterzuentwickeln. „Ich produziere keine Süßigkeiten, sondern gesunde Nahrungsmittel", stellt sie klar. So fänden sich in ihrem Eis nur reine saisonale Bio-Zutaten aus der Region, jedoch kein künstliches Aroma, kein Milchpulver, keine Pflanzenfette, keine Geschmacksverstärker. In ihrer Branche setzt Rosie Manusé auf erlesene Rohstoffe und **Handarbeit.** Sie zeigt auf eine große Schüssel mit Bourbon-Vanilleschoten: „Die kosten etwa 300 Euro pro Kilo und werden von mir Schote für Schote ausgekratzt!"

Wenn die Saison im Oktober zu Ende gegangen ist, fliegen die Manusés in ihre Heimat, um Rohstoffe zu ordern und neue Bezugsquellen zu erschließen, sei es für Nüsse, Mandeln oder Pistazien. „Ab Januar heißt es dann, diese Erzeugnisse zu mahlen, was richtig harte Arbeit ist", so Toni Manusé. Er verweist darauf, dass das GelatoMio-Team als **Slow-Food**-Produzent das weltweit einzige sei, das es geschafft habe, ein handwerklich unhomogenisiertes Eis nach Slow-Food-Richtlinien und Original-Rezepturen der alten sizilianischen Eiskunstschule herzustellen.

Der regelmäßig kontrollierte Produzent hat ein einfaches Erfolgsrezept: „Das Geheimnis ist, dass es keins gibt. Unsere Küche ist gläsern", so Rosie Manusé. Acht Eissorten bietet sie im täglichen Wechsel an – Klasse statt Masse. Je nach Saison hat der Kunde zusätzlich zu den Klassikern die Wahl u. a. zwischen Bittermandel-, Lavendel-, Orangen- oder Quitteneis – alle versehen mit dem staatlichen Bio-Siegel. Erhältlich sind die kühlen Leckereien in ihrer **Gelateria** in Münster und auf dem dortigen Ökomarkt, auf dem GelatoMio einmal wöchentlich mit einem alten Eisfahrrad steht. „An Wochenenden bedienen wir unsere Fans auch direkt in der Manufaktur, wo wir bei schönem Wetter bis zu tausend Kunden zählen", freut sich Toni Manusé. Mittlerweile ist das Gourmet-Eis unter dem Markennamen „Arche Noah" auch in ausgesuchten Bioläden, -cafés und -hotels zu finden, per Hand in Weckgläser abgefüllt.

Fragt man die Eismacher nach ihrem prominentesten Genießer, dann heißt es spontan: Papst Franziskus. „Zum 80. Geburtstag meines Vaters wollten wir ihn mit einem besonderen Geschenk überraschen. Nach zahlreichen Kontakten mit dem Vatikan wurde es uns trotz aller Sicherheitsbedenken ermöglicht, dem Papst zwei Kostproben zu liefern, **Ziegenmilcheis** mit Kastanienhonig und Mandel sowie Bratapfel-Sorbet mit Zimt", erinnert sich Toni Manusé gerne an den gelungenen Coup für das überglückliche Familienoberhaupt. Den Reaktionen aus dem Vatikan zufolge soll es dem Heiligen Vater sehr gemundet haben.

Sudhaus

Führend bei Schlössern und Schließsystemen

„Zukunft braucht Herkunft" lautet eine Grundüberzeugung des Traditionsunternehmens, das 1844 gegründet wurde. Zunächst fertigte es Steigbügel, Sporen und Trensen, ehe Beschläge und Schlösser für Koffer das Programm ergänzten. Nachdem zu Beginn des 20. Jahrhunderts das Auto die **Kutsche** immer mehr verdrängt hatte, setzte das Unternehmen verstärkt auf Schlösser für Reiseartikel und sonstige Lederwaren. Ende der 1970er-Jahre wurde das Sortiment um Artikel für die Automobil- und Sanitärindustrie ergänzt.

Michael Hartmann, Geschäftsführender Gesellschafter der Sudhaus GmbH & Co. KG, hat keinen Zweifel: „Schon morgens kommen viele Millionen Bundesbürger mit unserem Produkt in Kontakt." Er nennt Beispiele: Kinder, die ihren Tornister öffnen und schließen. Erwachsene, die ihre Tasche oder Koffer packen, den Autoschlüssel in die Hand nehmen oder am Arbeitsplatz ihre Sachen in einem Spind verstauen. Die Firma mit Sitz in Iserlohn hat sich auf die Entwicklung und Produktion von hochwertigen und innovativen Schlössern und Schließsystemen spezialisiert.

„Nach der Jahrtausendwende konzentrierte sich Sudhaus immer stärker auf die Herstellung von Automotive-Produkten, jedoch ohne ausreichende Vorbereitung. Wer Automobil-Bauteile fertigen möchte, der benötigt eine gewisse Methodenkompetenz", blickt Hartmann auf den Beginn seiner Tätigkeit zurück. Als er ein Jahr zuvor die Geschäftsführung des bis dahin reinen Familienunternehmens übernommen hatte, stand dieses auf **unsicheren** Füßen. Der promovierte Maschinenbau- und Wirtschaftsingenieur brachte es wieder auf Kurs.

Um die Zukunft der **Traditionsfirma** zu sichern, hatte er einen klaren Plan: „Wir mussten uns auf etwas zurückbesinnen, was Sudhaus zum Weltmarktführer gemacht hatte, nämlich innovative Manufakturteile in unvergleichbarer Qualität herzustellen. Wir haben den Begriff der Manufaktur wieder aufleben lassen, durch gezielte Neueinstellungen eine zeitgemäße Methodenkompetenz erlangt und das gemacht, was Sudhaus seit jeher am besten konnte: Produkte entwickeln und mit größtmöglicher handwerk-

licher **Sorgfalt** in kleiner bis mittlerer Stückzahl und in hoher Qualität produzieren."

Das schlüssige Konzept zahlte sich aus: Innerhalb der ersten fünf Jahre stieg der Neukunden-Anteil auf 70 Prozent. Mit der Entwicklung, Produktion und dem Vertrieb von **Schlössern** steht Sudhaus nach Aussage seines Chefs alleine in Deutschland da, in Europa ist der Hidden Champion aus Südwestfalen einer von drei namhaften Anbietern.

Während Serienartikel in großer Stückzahl in einem tschechischen Werk mit etwa 100 gut ausgebildeten Mitarbeitern gefertigt werden, entstehen Premium-Produkte wie oberflächenveredelte Zinkgussdruckteile für elektronische **Autoschlüssel** hochwertiger Marken in Iserlohn. „Wir achten darauf, dass wir für alle Bauteile genügend Kapazitäten haben, um unsere Kunden pünktlich und mit bester Qualität zu beliefern, sei es mit Designschlössern, gedämpften Kofferrollen, Schließsystemen für Möbel oder Steckdosenzahlenschlössern zur **Kindersicherung** und zum Schutz vor Fremdzugriff", sagt Hartmann.

INFO
Sudhaus GmbH & Co. KG
Teichstraße 5
58644 Iserlohn
www.sudhaus.de

Wenn er im Betrieb zuschaut, wie die fingerfertigen Beschäftigten die mitunter aus 40 Einzelteilen bestehenden Schlösser von Hand zusammensetzen und dabei wenige **Millimeter** große Federbeine sowie winzige Metallscheiben und Kügelchen zu einem tadellos funktionierenden Produkt kombinieren, erfährt er immer wieder aufs Neue, dass die Manufaktur-Entscheidung die einzig richtige für Sudhaus war. „Mit diesen Artikeln erhöhen wir unseren Bekanntheitsgrad und öffnen uns Türen für Aufträge in größerer Stückzahl." Dadurch bleibe das Unternehmen **flexibel** und in der Lage, Vielfalt anzubieten, Komponenten individuell nach Kundenwunsch zu entwickeln und zu fertigen und dabei immer wieder neue Trends aufzuspüren und umzusetzen.

Als großen Vorteil bewertet Hartmann die Tatsache, dass nahezu der gesamte Wertschöpfungsprozess unternehmensintern stattfindet. So stammen auch technologisch anspruchsvolle Werkzeuge und Bauteile aus der **hauseigenen** Fertigung. „Unser Know-how beim Werkzeugbau in Kombination mit unserer Konstruktionsabteilung ist ein weiterer Garant für die Wettbewerbsfähigkeit des Unternehmens. In diesem Bereich sind wir europaweiter Vorreiter", unterstreicht der gebürtige Aachener. Mit diesem Argument erschließt er auch internationale Märkte. Dazu zählen Osteuropa und Skandinavien ebenso wie Nordamerika. Mittlerweile habe sich die Exportquote auf stattliche zwei Drittel des Gesamtumsatzes von 22 Millionen Euro erhöht.

Hartmann legt großen Wert auf den persönlichen Kontakt zu seinen rund 200 Mitarbeitern in Iserlohn, sucht das Gespräch mit ihnen. Dies stärkt das gegenseitige Vertrauen und die Loyalität zum Unternehmen. Die geringe **Fluktuation** bestätigt dies: „Wir haben viele Beschäftigte, die uns seit 40 oder sogar 50 Jahren die Treue halten und am liebsten für immer bei uns bleiben wollen!"

Einer von ihnen ist Elmar Classen, Ausbildungsleiter und seit mehr als fünf Jahrzehnten bei Sudhaus beschäftigt. Er zeigt auch heute noch großes Engagement, wenn es über die Ausbildung hinaus um Angebote für junge Leute geht. „Wir brauchen nicht nur Einser-Kandidaten, sondern Menschen mit Spaß an der Arbeit", betont Hartmann, der sich in der Region einen Namen in Sachen **Schulpartnerschaft** erworben hat.

Rund 200 verschiedene Produkte in unterschiedlichen Varianten bietet Sudhaus an. Davon entfallen etwa 40 Prozent des Umsatzes auf den Bereich Non-Automotive und 60 Prozent auf den Bereich Automotive. Ziel ist es, den Anteil des traditionellen Geschäfts auf 60 Prozent auszubauen. An **innovativen** Produkten gibt es keinen Mangel, sei es bei Elektroschlössern oder sprachgesteuerten Schließsystemen. Und wer weiß – vielleicht ereilt Sudhaus mal wieder ein Großauftrag über Mülltonnenschlösser, die automatisch aufschnappen, wenn die Müllabfuhr die Tonnen nur weit genug kippt, die aber dicht halten, wenn Fremde ihren Abfall abladen wollen. Oder wenn **Waschbären** die Tonnen plündern möchten wie etwa in Kanada ...

Heilandt

„Keine Gnade bei der Qualität"

Nein, der Name der Rösterei hat nichts mit Glauben zu tun – höchstens mit dem an guten Kaffee. Vielmehr steht Moritz Eylandt, das ursprüngliche Gesicht der Manufaktur, dafür Pate. Schon seit jungen Jahren hatte er den Spitznamen Heilandt, der schließlich auch für die Rösterei gewählt wurde. Mit seinen Freunden Marc Paluch, Heiko Schmidt und Lars Meyer diskutierte Eylandt im Jahr 2009 darüber, warum nur wenige Hersteller es schafften, einen richtig guten Kaffee zu produzieren. „Wir hatten alle beruflich schon auf unterschiedliche Weise mit Kaffee zu tun. Trotzdem war es eine **verrückte** Idee, selbst eine Rösterei aufzumachen", blickt Eylandt zurück.

Sie heißen Ethiopia Sidano Shakiso und Nicaragua El Limoncillo, Orang Utan Espresso und Liebelein – vier von vielen anderen Blends mehr, die seit einigen Jahren in der Kölner Kaffeemanufaktur Heilandt geröstet werden. Was mit einer mutigen Idee von vier ehemaligen Sporthochschülern begann, hat sich mittlerweile zu einem erfolgreichen Unternehmen gemausert.

Aus Freunden wurden Gründer – und blieben trotzdem Freunde. Vermutlich hätte es ihnen gereicht, sich und anderen zu beweisen, dass sie den besten Kaffee produzieren können, um dann nach einigen Monaten des vollen Genusses und leerer Kassen das Experiment wieder zu beenden. Aber es kam anders. Schnell fand sich eine immer größere Zahl von Menschen, denen der Kaffee des **Newcomers** so gut schmeckte, dass sie keinen anderen mehr trinken wollten.

Zuvor hatten die vier Freunde, die nach ihrem Studium unterschiedliche Wege gegangen waren, von einem befreundeten Röster einen Proberöster und acht Kilogramm Kaffeebohnen erhalten, mit denen sie loslegten. „Ein Dreivierteljahr haben wir getestet, wie sich Farbe, Oberfläche und Geschmack der Bohnen entwickeln, wenn wir sie kürzer oder länger, heißer oder kälter rösten", erinnert sich Eylandt. Nachdem er sich weitergebildet und anderen Röstern über die Schulter geschaut hatte, „wollten wir es groß machen".

Das Gründer-Quartett kaufte eine **Röstmaschine** für 15 Kilogramm Bohnen und startete im Sommer 2010 im belgischen

Viertel mit einem 64 Quadratmeter großen Laden, in dem produziert und ausgeschenkt wurde. „Nach zwei Jahren platzten wir aus allen Nähten", betont Marc Paluch, der in der Manufaktur „die Zahlen zusammenhält". Seit der Verlagerung der Rösterei in einen anderen Stadtteil dient das „Mutterhaus" ausschließlich als Café. 2015 folgte die Eröffnung einer Kaffeebar in der Bibliothek der Deutschen Sporthochschule, 2017 der Startschuss für ein weiteres Café in Köln-Sülz.

„Wir lieben Kaffee über alles. Darum wollen wir, dass jede Tasse etwas Besonderes ist – ein sanfter Start in den Tag, ein entspannter Moment zwischendurch", formuliert Eylandt. Darum würde die Manufaktur bei der Qualität keine Gnade kennen: „Wir wollen mit jeder Bohne und jedem Schluck den perfekten Kaffee anbieten, auch wenn er mal einen Euro mehr kostet. Das ist kein **Luxus,** das hat jeder verdient, der Kaffee schätzt." Um die besten Bohnen zu finden und die geschmackvollsten Mischungen zu entwickeln, bestellt Heilandt verschiedene Proben Rohkaffee. Jede einzelne wird geröstet, verkostet und im Team beurteilt. „Erst dann entscheiden wir, welche Bohnen wir kaufen", erläutert Paluch.

INFO
Heilandt UG & Co. KG
Girlitzweg 30
50829 Köln
www.heilandt.de

In der Manufaktur ist Geschmack **Handarbeit.** Jede Kaffeesorte wird einzeln und sortenrein im Trommelröster sehr schonend bei niedrigen 210 Grad Celsius und bis zu 22 Minuten lang geröstet. „Nur so kann der Röster ganz genau auf die Sorte, die Bohnengröße und die Verwendung als Espresso oder Tassenkaffee eingehen. Er kann riechen, wann der Kaffee perfekt geröstet ist – und er kann es auch hören", verrät Heiko Schmidt, der maßgeblich an der Entwicklung neuer Kaffees beteiligt ist.

Der „first crack", das hörbare Platzen der Zellen durch das Verdampfen des Wassers, ist die Orientierungsmarke für die Heilandt-Röstungen. Danach haben die Bohnen ausreichend Ruhe, um auszurösten, ehe sie zu verschiedenen Mischungen kombiniert werden. Die Rösterei, die neben drei operativ tätigen Gesellschaftern weitere fünf Angestellte zählt und über einen Pool von rund 25 Aushilfen verfügt, freut sich Jahr für Jahr über stolze **Zuwachsraten.** „Wir sind ein bio-zertifizierter Röstbetrieb, mehr Zertifikate brauchen wir nicht", so Eylandt. Inzwischen gebe es fast so viele Bio- und Fairness-Siegel wie Kaffeesorten.

Was sie alle bedeuteten und ob sie hielten, was sie versprächen, wisse keiner mehr so genau – „wir auch nicht", gesteht er. Deswegen habe die Kölner Rösterei einigen ihrer Kaffees ein eigenes Siegel gegeben. „Es heißt ,Direct Trade' und ist **fairer** als fair gehandelt. Denn es bedeutet, dass wir ohne Zwischenhändler direkt vom Kaffeebauern kaufen und ihm einen Preis zahlen, der nicht nur deutlich über dem Weltmarktpreis liegt, sondern auch über dem Fairtrade-Preis", erläutert der Röstexperte. Dafür erhielte die Manufaktur aber auch etwas zurück: „Wir können genau nachvollziehen, woher unsere Kaffees kommen. Die Kaffeebauern verpflichten sich, nach ökologisch nachhaltigen Grundsätzen möglichst ohne Einsatz von Chemie anzubauen und höchste Qualitätsstandards zu liefern", ergänzt Schmidt.

In diesem Zusammenhang verweist Paluch auf einen Kaffee „mit besonders gutem Beigeschmack", den Orang Utan Coffee. „Das einzigartige **Orang Utan Coffee** Project unseres Partners Regenwald GmbH hilft den lokalen Bauern in Wih Bersih auf Sumatra, ihre Plantagen ökologisch und nachhaltig zu bewirtschaften und so den Regenwald zu bewahren. Pro Kilogramm Kaffee erhalten sie eine Prämie von 0,50 Euro, weitere je 0,50 Euro gehen an das Sumatran Orangutan Conservation Programme und an die Regenwald GmbH zur Finanzierung der erforderlichen Projektstruktur", so Paluch.

Die Gründer-Freunde blicken auf ein erfolgreiches Start-up zurück. Und noch eines verbindet sie: Einmal pro Woche treffen sich die ehemaligen Kommilitonen der Sporthochschule – nein, nicht auf einen Kaffee, sondern zum **Beachvolleyball** auf der Anlage ihres Mitgesellschafters Lars Meyer. ■

Bürstenhaus Redecker

Erfindermentalität und Kreativität

Die Geschichte einer der letzten handwerklichen Bürstenmanufakturen in Deutschland begann am 15. Juni 1935. An diesem Tag meldete Friedrich Redecker sein Gewerbe als selbstständiger **Bürstenmacher** an. Das Anmeldeformular ist mit einer Randnotiz des zuständigen Beamten versehen: „blind". Redecker war im Alter von vier Jahren erblindet. Als auch Operationen zu keinen ernsthaften Besserungen mehr führen konnten, besuchte er als Jugendlicher die Blindenschule in Soest. Hier absolvierte er eine der damals gängigen Ausbildungen für Blinde, das Bürstenmacherhandwerk. Da „Friedel der Boss" ein Mann voller Elan und **Unternehmergeist** war, baute er mit der Zeit eine kleine Firma auf, mit der er seine Frau, seine drei Söhne und sich selbst ernähren konnte.

Beklagenswert war für den 1986 verstorbenen „Boss", dass zunächst keiner seiner drei Söhne das Bürstenhandwerk und das damals bereits mehr als 50 Jahre alte Unternehmen fortführen wollte.

Schön ist, was einem Zweck perfekt dient und alles Überflüssige verloren hat." Gernot Redecker, Seniorchef des gleichnamigen Bürstenhauses mit Sitz in Versmold, strahlt, wenn er eines seiner jüngsten Produkte voller Stolz präsentiert, ein Design-Kehr-Set, das die Jahrhunderte währende Verbannung der Kehrgeräte hinter Kellertüren und Hauswirtschaftsräume beenden soll. „Ab jetzt wird der Besen nicht mehr versteckt. Mit seiner unsichtbaren magnetischen Aufhängung ist er ein minimalistisches Kunstwerk", schwärmt Redecker.

Der jüngste Sohn Gernot und seine Frau Jutta entschlossen sich jedoch, zumindest die noch vorhandenen Materialien aufzuarbeiten und das Bürstenhaus ein wenig weiterzuführen. Auf dem Köhlerfest in **Borgholzhausen** wurde 1987 ein Marktstand aufgebaut, um die fertiggestellten Besen und Bürsten abzuverkaufen. „Mit dem dort erzielten Erfolg hatte niemand von uns gerechnet. Am ersten Wochenende waren alle Produkte verkauft. Statt des ursprünglich vorgesehenen Endes haben wir sofort Material nachbestellt", erinnert sich Gernot Redecker.

Es folgten weitere Märkte mit stolzen Verkaufszahlen, zunehmend auf gut besuchten Stadtfesten und **Handwerkermärkten** in der Umgebung, bald auch über die Region hinaus. „Produziert

wurde in unserem Keller, unser Wohnzimmer wurde zum Büro umfunktioniert. Die ersten Mitarbeiter stellten sich ein, gegessen wurde mittags gemeinsam in unserer Küche", schmunzelt Jutta Redecker.

Aus den Marktbeschickern entwickelte sich schnell ein kleines Großhandelsunternehmen, die Produktion des gesamten Angebots wurde auf Naturmaterialien umgestellt. Zug um Zug wurden die Kellerräume gegen eine ausgebaute **Scheune,** diese Mitte der 1990er-Jahre gegen ein neues Betriebsgebäude mit Büro, Versandräumen und Lagerhalle getauscht. Mit den Jahren wuchs das Geschäft von einst kleinen Marktständen hin zu einem international agierenden Unternehmen, das für die gelungene Verbindung aus Natürlichkeit, Funktion und Design steht. „Es lebt von unserer ganz eigenen Mischung aus **Erfindermentalität,** solidem Handwerk und Kreativität", betont Gernot Redecker.

INFO
Bürstenhaus Redecker GmbH
Bockhorster Landweg 19
33775 Versmold
www.redecker.de

Ob Staubwedel oder Polsterbürste, Schuhbürste oder Handfeger, Haarbürste oder Rasierpinsel – die Manufaktur bietet ein umfangreiches Sortiment sowohl traditioneller als auch moderner Bürsten und Holzartikel für alle Lebensbereiche an, das einen rund 200 Seiten zählenden Katalog füllt. Hat der Senior-Chef, der Bürstenmacher und gelernter Werkzeugmacher ist, eine Idee für realisierbar erachtet, beginnt die eigentliche **Produktentwicklung.** Nach einer Skizzenphase geht es auf in die Werkstatt. „Wenn der erste Rohling entstanden ist, beginnt die Produktwerdung. Er wird von allen beäugt, ausprobiert, kritisiert, gelobt, verworfen und am nächsten Tag auf ein Neues betrachtet", schildert Gernot Redecker.

Danach geht er wieder in die Werkstatt – und das Spiel beginnt von Neuem. Form, Funktion, Material, Tauglichkeit, Handhabung und der **Gesamteindruck** werden erneut beurteilt und verbessert. „Aber irgendwann ist es schließlich so weit – und das ist immer wieder der schönste Moment", so der Chef. Von diesem Moment bis zur Serienfertigung ist es allerdings noch ein weiter Weg: Hölzer und Besatz müssen geordnet und optimale Produktionsschritte gefunden, Verpackung, Gewicht, Größe und Lagerkapazitäten berechnet werden.

Redecker Bürsten werden wie schon vor Jahrzehnten immer aus heimischen Hölzern und Borsten, Haaren oder Pflanzenfasern hergestellt. Kunstfasern oder Kunststoffe finden nur in ganz geringem Umfang für spezielle Anforderungen Verwendung. Bei den hölzernen Bürstenkörpern werden ausschließlich **heimische** Holzsorten wie Buche, Eiche, Birnbaum und Esche verarbeitet. Für diese Fasern oder Borsten, in der Fachsprache „Besatz", kommen unterschiedliche Tierhaare zum Einsatz, zum Beispiel die kräftigen Schweifhaare der Pferde für die Herstellung von Besen und Handfegern, Dachshaar für Rasierpinsel oder das sehr weiche Haar der chinesischen Langhaarziege für Kosmetikpinsel oder Babyhaarbürsten.

Ob in den USA, Asien oder Australien, ob in England, Frankreich oder Italien – rund 60 Prozent seines Umsatzes erwirtschaftet das Bürstenhaus Redecker mit derzeit rund 50 Mitarbeitern im Export. Zum Inlandsgeschäft tragen auch zwei **Ladengeschäfte** in Bad Rothenfeld und in Westerland auf Sylt bei.

„Wir sind eine Familie und ein Unternehmen. Beides gehört eng zusammen. Wo das eine aufhört und das andere anfängt, ist manchmal nicht ganz genau zu sagen", formulieren die beiden „Senioren" Jutta und Gernot Redecker. Sie freuen sich darüber, dass inzwischen auch die beiden „Junioren" Felix (Sohn) und Jana (Schwiegertochter) in dritter Generation die **Fortführung** der Redecker-Tradition sichern. „Die Geschäfte leiten wir gemeinsam. Und wo immer es auch Diskussionspunkte geben mag, es wird gemeinsam entschieden, erarbeitet, gelacht und gelebt", unterstreicht Gernot Redecker, ehe er wieder in seine Werkstatt eilt, um an einem neuen Produkt zu tüfteln.

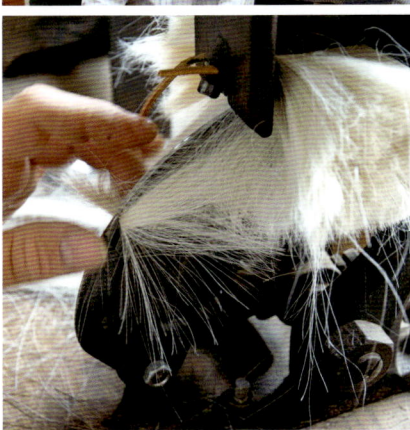

Waldkauz

„Kauzige" Ideen für Jäger und Wanderer

Ins kuschelige Zuhause zurückgekehrt, hielt das missmutige Grübeln über Ursache und Wirkung der verpassten Gelegenheit an. „Dabei kam mir die Idee zu einer etwas unkonventionellen Jagdtasche, die es so noch nicht gab. Wenige Stunden später war die Tasche aus einer alten Wolldecke auf einer noch älteren Nähmaschine entstanden, die es Jahre zuvor durch einen Zufall vom **Trödelmarkt** in meinen Keller geschafft hatte", erinnert sich der gelernte Grafikdesigner. Auch wenn der Urtyp dieser Ansitztasche noch etwas holprig aussah, so stellte sie fortan alle wichtigen Kleinteile bei jedem Ansitz schnell und leise zur Verfügung und diente überdies auch noch als Gewehrauflage.

Angefangen hat alles vor einigen Jahren. Dem passionierten Jäger Markus Holthausen bot sich während eines Sauansitzes im Winter die unerwartete Gelegenheit auf einen Fuchs als Jagdbeute. Doch aufgrund der nicht ganz lautlosen Suche nach dem lockenden Mauspfeifchen in den dunklen Tiefen seines Rucksacks wurde sie jäh zerstört – der Fuchs bekam Wind von dem Vorhaben und suchte das Weite. Dieser nächtliche Vorfall führte zur Gründung der mittlerweile florierenden Manufaktur Waldkauz GmbH & Co. KG, die sich auf feine Jagdausrüstung spezialisiert hat.

Nachdem Holthausen wiederholt auf seine einzigartige Tasche angesprochen worden war, entschied er sich, einige Exemplare für gute Freunde zu nähen. Doch als die Nachfrage aus der Jagd-Welt nicht nachließ („Ich habe wohl den Nerv von vielen Jägern getroffen!"), zog er sich immer mehr aus seiner bisherigen Agenturtätigkeit zurück und gründete 2010 das Unternehmen „Waldkauz". Dieser Vogel ist ein typischer **Ansitzjäger,** dessen gesamte Anatomie auf Lautlosigkeit angelegt ist. Er steht zugleich als Sinnbild für Intelligenz. „Was lag also näher, als den heimischen Nachtgreif, der so eng mit unseren Wäldern verbunden ist und für uns Jäger einen so vertrauten Anblick darstellt, als **Wahrzeichen** und Stellvertreter für unsere Produkte zu wählen?", fragt Holthausen.

Gemeinsam mit seiner Frau Gudela, die damals noch in einem Modehaus arbeitete, startete der Jungunternehmer die Produktion im heimischen Wohnzimmer, das jedoch bald nicht mehr

ausreichte. Es folgte der Umzug in ein attraktives Jugendstilhaus in **Neuss,** in dem mittlerweile Atelier, Administration und Showroom unter einem Dach vereint sind. Seitdem wurde die Produktpalette ständig um weitere „kauzige" Ideen erweitert, die sich durch formschöne Funktionalität und Liebe zum Detail auszeichnen. Die Taschen oder Decken, Westen oder Fernglasschutz, Patronenetuis oder rustikale Gürtel, die Holthausen aus Rinderhäuten selbst zuschneidet – verarbeitet werden nur ausgewählte Naturmaterialien wie bestes Gebirgsloden aus reiner Schurwolle, Wollfilz oder echtes Leder sowie handgearbeitete Knöpfe aus echtem Büffelhorn. „Entgegen dem klassischen Jägergrün verwenden wir nur Stoffe in Brauntönen, was als wohltuende **Abwechslung** empfunden wird", so Holthausen. Das verarbeitete Fettleder lasse mit seinen Narben, Kratzern und Unregelmäßigkeiten jedes Stück zu einem besonderen Unikat werden, „das bei fleißigem Gebrauch in Würde altert und dabei immer schöner wird", versichert der erfolgreiche Unternehmer.

INFO
Waldkauz GmbH & Co. KG
Fringsstraße 3
41464 Neuss
www.waldkauz.net

Die Tatsache, dass die Rucksäcke und Taschen im Laufe der Jahre auch außerhalb der jagenden Bevölkerung viele Freunde gefunden haben, motivierte die Holthausens, eine zweite Marke ins Leben zu rufen. Während der „Waldkauz" Sinnbild für Jagd, Wild und Wald ist, so steht der „Steinkauz" für Wandern, Freizeit, Berge und **Naturerlebnis.** Die Grundidee ist gleich geblieben – hochwertige Designausrüstung mit Sinn für das Schöne. Was sich geändert hat, sind die Ansprüche. Steinkauz-Produkte müssen nicht zwingend lautlos sein, sie dürfen bunter sein, als es die Ausrüstung des Jägers erlaubt. Zudem sollen sie nicht nur unter rauen Bedingungen, sondern auch im ganz normalen täglichen Gebrauch überzeugen, sei es auf dem Weg zur Arbeit, beim **Spaziergang** mit dem Hund oder auf der Wanderung im Urlaub. Dazu zählen zum Beispiel Lodenfleecejacken, Schultertaschen oder auch Shopper.

Auch diese Produkte werden im eigenen Atelier designt, entwickelt und zu einem Großteil auch hergestellt. „Damit wir unsere Energie in ständig neue Ideen stecken können, beschäftigen wir eine Reihe kleiner und sehr qualitätsorientierter Partner, die für uns verschiedene Artikel fertigen und dabei das gleiche Augenmerk auf die Verarbeitung legen wie wir selbst", erläutert Holthausen. Dabei folge die **Materialauswahl** einem einfachen Prinzip: „Qualität vor Preis und Natur vor Kunststoff", so der Unternehmenschef, der nahezu ausschließlich auf Zulieferer aus Deutschland setzt: Loden kommt aus der Oberpfalz, Filz aus Norddeutschland, Leder aus dem Ruhrgebiet, Knöpfe aus Augsburg, Garn und Reißverschlüsse aus Thüringen, Futterstoffe aus Mönchengladbach.

Mittlerweile zählt sein Team zehn Mitarbeiter. „Einen Posten werden wir wohl nie besetzen müssen, nämlich den des Reklamationsmanagers. Aufgrund des von uns konsequent gelebten **Service-Gedankens** stellt sich dieses Thema überhaupt nicht", meint Gudela Holthausen. Rund 80 verschiedene Artikel zählt das Sortiment der „Innovationsschmiede". Sie liegen preislich zwischen acht für eine kleine Streulichtblende aus Filz und 650 Euro für eine Winterjacke aus Loden mit einem speziellen Steppfutter. Vertrieben werden die Produkte zu 80 Prozent über den Onlineshop, der Rest über Händler und auf Messen. „Dabei fügen wir jeder Lieferung auch eine handschriftliche **Grußkarte** bei", verrät Gudela Holthausen.

Kooperationen mit Versandfirmen oder größeren Unternehmen kommen für ihren Mann nur in Ausnahmefällen zustande, wenn das gemeinsame Thema und die Chemie übereinstimmen. „Ansonsten würde das die Exklusivität unserer Manufaktur-Erzeugnisse nur verwässern", argumentiert er – und blickt voller Stolz auf das bisher Erreichte zurück. „Da ist schon ein **Traum** wahr geworden. Nicht ein einzelnes Produkt ist ein Erfolg, sondern die gesamte Entwicklung unserer Marke." ■

Bonbonmacher Anno 1900

Ein Feuerwerk der Geschmacksnerven

In Deutschland geht die industrielle Herstellung von Bonbons auf Franz Stollwerck zurück. Nachdem er 1839 in Köln eine Mürbebäckerei gegründet hatte, stellte er eine starke Nachfrage nach Brustbonbons wegen der damals häufigen Hals- und Lungenerkrankungen fest. Stollwerck erinnerte sich an seine Gesellenzeit in Paris, in der er das Karamellisieren erlernt hatte, und erweiterte seine Konditorei um eine kleine Bonbonfabrik. Der Erfolg gab ihm recht: Fünf Jahre nach dem Start der Produktion der „Stollwerck'schen Brustbonbons" unterhielt der Namensgeber nahezu 50 Verkaufsstellen, beschäftigte mehr als tausend Vertreter und wurde in Köln und Umgebung als **„Kamellen-Napoleon"** gefeiert.

Es gibt sie in allen erdenklichen Farben, Formen und Geschmacksrichtungen, süß, sauer oder flüssig gefüllt, hart oder weich. Je nach Region nennt man sie auch Klümpchen, Kamelle oder Bömskes. Die Rede ist von Bonbons, deren Herstellung sich Hartmut Gerhards, der „Bonbonmacher Anno 1900", seit Jahrzehnten widmet – in seiner Manufaktur in Simmerath ebenso wie in seinem nostalgischen Zirkuswagen auf Märkten.

Hartmut Gerhards' Kopfbedeckung ist indes nicht der Zweispitz, sondern eine pinkfarbene Baskenmütze. In seiner Zauberküche in der Nordeifel, einst ein kleines Lebensmittelgeschäft, klebt der Boden, riecht es nach Zucker, steigen Dämpfe auf – der Bonbonmacher ist in seinem Element. Ende der 1980er-Jahre hat er ein nahezu ausgestorbenes Handwerk neu belebt und stellt in alter **Tradition** die Süßigkeiten her, die er gerne „das kleine Glück für jeden Tag" nennt.

Schon früh hatte der junge Hartmut eine besondere Affinität zu Süßwaren. Mit elf Jahren half er bei einem Konditor aus, der ihn für seine Unterstützung regelmäßig mit einem Brot und ein paar Hefeteilchen entlohnte. „Besonders fasziniert hat mich die kreative Dekoration von Torten. Für mich war es das Größte, wenn ich gelegentlich daran mitwirken durfte", erinnert sich Gerhards an vergangene Zeiten.

Da er auch „ländlich orientiert" gewesen sei, habe es die Berufsberatung nicht einfach mit ihm gehabt. Vielleicht doch

Landwirt oder Förster noch eher als Bäcker oder Konditor? Oder vielleicht Lebensmittelkaufmann? „Die Entscheidung war dann schnell gefallen, als ich durch Zufall eine Lehrstelle als Groß- und Einzelhandelskaufmann bei der damaligen Supermarktkette Co-op fand", so Gerhards, der von Beginn an Gas gab. Deshalb musste auch eine Sondergenehmigung her, um ihn mit gerade einmal 17 Jahren zum **Filialleiter** ernennen zu können.

Es folgte eine steile Karriere in der Süßwarenbranche – mit Hektik, Termindruck und langen Abenden. Eines Nachts fand er sich in einem Krankenhaus wieder, als sich die Ärzte um seine Gesundheit bemühten. „Ich habe dann auf meinen Schutzengel gehört und meinen stressigen Beruf an den Nagel gehängt", so Gerhards. Und nun? Er erinnerte sich an die Worte seines Lehrers, die er ihm mit auf den Weg gegeben hatte: „Pflügender Pflug blinkt, stehendes Wasser stinkt." Gesagt, getan: Der Manager a. D. grub einen alten Walzenbock seines Großvaters aus, reaktivierte ihn und versuchte sich auf öffentlichen Plätzen in der Herstellung von Bonbons. „Das war in den 1980er-Jahren, als die **Nostalgiewelle** aufkam und die Kunsthandwerker auf Straßen und Märkten ihr Wirken vorführten. Da ich dort der einzige Bonbonmacher war, konnte ich mich über mangelnde Nachfrage nicht beklagen", so der Berufsumsteiger, der 1989 nach dem Besuch der Süßwarenfachschule die Manufaktur „Bonbonmacher Anno 1900" gründete – in Erinnerung an seinen Opa, dessen mehr als 100 Jahre alten Walzen er noch heute einsetzt.

Mit sechs verschiedenen Sorten begann er, Klassiker wie Himbeer, Zitrone und Anis. Mittlerweile hat sich sein Angebot vervierfacht. „Die Rezepte entstehen in meinem Kopf. Ich experimentiere ganz gerne, gehe auch Trends nach, aber halte mich dabei in Grenzen", betont Gerhards, zu dessen jüngeren Kreationen auch Lavendel und Ingwer zählen. Seine Bonbonmarke **Eifelbrocken,** eine pikante Komposition aus Anis, Lakritz und verschiedenen Kräutern, hat er patentieren lassen und für dieses Produkt die Goldmedaille vom Institut für Back- und Süßwaren erhalten.

Für die Herstellung seiner Bonbons verwendet Gerhards ausschließlich natürliche Zutaten wie Zucker, Honig, Fruchtsäfte oder Fruchtmark, Bonbonsirup, Pflanzenauszüge, Sahne und

INFO
Bonbonmacher Anno 1900
Bundesstraße 56
52152 Simmerath
www.bonbonmacher.de

ätherische Öle. Jeder Zusatz von künstlichen Aromen, Essenzen, Farbstoffen, Emulgatoren oder Stabilisatoren wird strikt vermieden. „Wer meine Bonbons beschreiben will, muss sie probieren. Sonst weiß er nicht, wovon die Rede ist", stellt deren Macher klar.

Doch vorher gilt es, sie zu produzieren. Auf der Agenda stehen Himbeeren. Die wabernde Masse aus Wasser, Zucker und Glukosesirup, die zuvor bei 120 Grad Celsius auf offenem Feuer in einem alten **Kupferkessel** brodelte, kippt Gerhards auf eine gefettete Marmorfläche. Für den typischen Geschmack mischt er ein wenig Himbeerextrakt unter die süße Masse. Wenn diese zu einem zähen Strang erkaltet ist, kurbelt er sie durch seine altehrwürdige Walze, mit der er zum Beispiel Beeren, Kugeln oder auch Fischformen prägen kann. Dann schüttelt er die zu Hunderten

aneinanderhängenden Bonbons durcheinander, die sich dabei gegenseitig glatt reiben. „Jedes Bonbon sieht im Gegensatz zur Fabrikware leicht anders aus, und das lieben viele meiner Genießer", schwärmt der passionierte **Motorradfahrer,** der neben saisonalen Produkten wie Osterhasen auch diverse Lutscherfiguren in historische Formen gießt, seien es Eichhörnchen, Bären, Affen oder auch Polizisten.

Auf drei Säulen ruht der Vertrieb der süßen Verführer aus der Eifel: Märkte, Firmenevents und Onlineshop. „Einen namhaften Handwerkermarkt kann ich mir ohne meine Teilnahme kaum noch vorstellen, und das bundesweit. Ich bin sehr gerne an der Front, mir gefallen das Gespräch, die verzückten Mienen und die Resonanz meiner Kunden", verrät der Bonbonmacher – und genießt es, wie die Geschmacksnerven auch seiner Manufaktur-Besucher immer wieder ein wahres Feuerwerk erleben. ◼

Hutmanufaktur Ulrike Strelow

Für jeden Kopf den passenden Hut

Rund 250 Modistinnen mögen es in Deutschland noch sein, die diesen Beruf ausüben. „Putzmacherinnen" hießen sie früher, als es noch nahezu einem Affront gleichkam, wenn eine Dame ohne handgefertigten Hut das Haus verließ. In ihrer „Putzfibel", die 1939 erstmals erschien, formulierte Rose Müller-Windorf hingebungsvoll: „Der Beruf der **Putzmacherin** ist der interessanteste, weil er der abwechslungsreichste von allen weiblichen Berufen ist, bei dem es auf handfertige Geschicklichkeit, Sinn für Schönheit und Geschmackskultur ankommt. Zur Modistin muss man durch Neigung und Befähigung berufen sein ..."

War Ulrike Strelow, die als Kind schon gerne gebastelt und genäht hat, „durch Neigung und **Befähigung**" zur Modistin berufen? „Ich hatte schon nach dem Abitur Ambitionen, wollte dann aber ‚etwas Richtiges' machen und habe mich zum Betriebswirtschafts-Studium entschieden", blickt sie zurück.

Seit mehr als 15 Jahren krönt sie Häupter mit kleinen Kunstwerken. Ob Hüte oder Fascinators, Mützen oder Kappen – mit viel Herzblut fertigt die Modistenmeisterin Ulrike Strelow mit einem kleinen Team in ihrer Hutmanufaktur in Essen Kopfbedeckungen für den Alltag wie für besondere Anlässe. Hüte, die nicht als Massenware vom Fließband kommen, sondern von Hand geformt und geschmückt werden, gelten heute als nahezu ausgestorben.

Doch schon zu Uni-Zeiten wurde ihr bewusst, „dass ich unbedingt etwas mit meinen Händen schaffen und kreativ sein wollte".

In dieser Phase erinnerte sie sich an einen Beitrag aus einer Frauenzeitschrift, den ihre Mutter ihr Jahre zuvor einmal hingelegt hatte. „Das könnte auch etwas für dich sein", hatte sie mir damals die Lektüre dieses Artikels empfohlen. Dieser handelte von einer Modistin aus der Lüneburger Heide namens Elke Martensen. Und er zeigte Wirkung: Ulrike Strelow startete 1995 in Oldenburg eine Ausbildung zur **Modistin,** absolvierte ihre Meisterprüfung und eröffnete im Jahre 2000 wenige Minuten von ihrem jetzigen Standort ihre Manufaktur nebst kleinem Geschäft.

Mittlerweile zählt die vielfach preisgeschmückte Vertreterin ihrer traditionsreichen Zunft zu den herausragenden Modistinnen

des Landes. Ihre Kundinnen, die nicht nur aus der näheren Umgebung kommen, sind so unterschiedlich wie ihre Wünsche: Da sind Mädchen dabei, die nach einer Baskenmütze fragen, Bräute, die einen ausgefallenen **Kopfschmuck** für ihre Hochzeit suchen, oder Großmütter, die nach einem Hut für die Taufe ihres Enkelkindes Ausschau halten. „Für jede Frau gibt es die passende Hutform, sei es den Aufschlaghut mit vorne oder seitlich asymmetrisch aufgeschlagener Krempe, den Fascinator oder den Zylinder als Klassiker. Hinzu kommen je nach Saison Sonnen- und Strohhüte sowie **Mützen,** Kappen und Filzhüte", so die gebürtige Essenerin.

Über Mangel an kreativen Ideen, die oft während der Arbeit entstehen, kann sie sich nicht beklagen. Anregend sind für sie zudem Möbel und Designobjekte. Dabei hat die Modistin mit schnelllebigen Trends „nichts am Hut". Ihr Sortiment orientiert sich eher am schmeichelnden Stil der 1920er- und 1930er-Jahre. Rund zwei Tage oder auch länger arbeitet die Essenerin stundenweise an ihren Kreationen, die zumeist zwischen 180 und 250 Euro kosten. Schon bei den ersten Arbeitsschritten zeigt sich deutlich, dass es in dieser Manufaktur um echte **Handarbeit** geht. Ob sie Filzlappen mit Wasserdampf geschmeidig macht, einen Hutrohling über eine der vielfältigen Holzkopfformen stülpt oder ihn mit einem Band und Stecknadeln fixiert – jeder einzelne Schritt ist Hand-Werk.

INFO
Hutmanufaktur Ulrike Strelow
Hedwigstraße 4
45130 Essen
www.hutmanufaktur.com

„Wenn ich mit dem jeweiligen Material um die endgültige Form des Hutes ringe, so ist das ein wahres **Kräftemessen,** sprich ein Zusammenfinden meiner Vorstellungen und der Möglichkeiten des Materials. Aber genau das ist der Unterschied zwischen dem Hut einer Modistin und dem Kopfschmuck vom Fließband", betont die Meisterin. „Ich ziehe den Filz nur so weit, wie er es zulässt. Maschinen pressen dagegen das Material auf ein Standardmaß."

Anders die kleinen Kunstwerke der Modistin, die mit dem Selbstverständnis einer traditionellen Handwerkerin an die Arbeit geht und sich damit belohnt, dass sie am Ende des Tages etwas **Greifbares** in ihren arbeitsamen Händen halten kann. „Ich habe einen ganz tollen Beruf für mich gefunden, der mich ausfüllt und großen Spaß macht, auch wenn ich damit keine Millionärin werde!" Dabei wandert ihr Blick über die unzähligen Utensilien in ihrer kleinen Werkstatt: Federn von **Gänsen** und Straußen, Filz und Leder, Stroh und Seide, Bänder und Borten, Schleier und Tüll, Kordeln und Glasperlen.

Es sind übrigens nicht nur Köpfe von privaten Kundinnen, die Ulrike Strelow mit ihren Unikaten schmückt. Ihre Kreationen waren auch schon auf zahlreichen **Bühnen** zu sehen, zum Beispiel im Aalto-Theater in Essen, der Oper in Erfurt oder den Städtischen Bühnen in München. „Ob für Aufführungen von Aida und Dornröschen oder von Musicals wie Phantom der Oper und Buddy Holly – das waren schon teilweise wirklich ausgefallene Sachen, wild und bunt", so die Modistin, die ihr Können und Wissen gerne weitergibt. Seit 2005 bildet sie aus. „Auch wenn wir die **Nähmaschine** nicht mehr mit dem Fuß antreten und das Bügeleisen nicht mehr auf offenem Feuer erwärmen, so hat sich die Arbeit der Modistinnen in den vergangenen 100 Jahren kaum verändert. Ich fände es schade, wenn bestimmte alte Techniken verloren gingen", so die Meisterin, die in ihrem Geschäft auch männliche Köpfe behütet.

Für ihre Azubis ist Ulrike Strelow ein großes Vorbild. Hat auch sie eins? „Ja, Philip Treacy aus London, ein großartiger Hutmacher, der noch auf Tradition und Handwerk achtet und das britische **Königshaus** ausstattet." Dass Besucherinnen des renommierten Pferderennens im englischen Ascot, dem Event der High Society, auch mit Kreationen aus Essen-Rüttenscheid gesehen werden, erwähnt deren Schöpferin eher am Rande. ■

Printenbäckerei Klein

Ein Leben für die Aachener Printe

„Die Printe, ein Aachener Nationalgebäck, ist eine Art Honig-kuchen. Der Ursprung ist wahrscheinlich im belgischen Dinant, der ersten Backstätte für das sogenannte Gebildbrot, zu suchen", heißt es im „Aachen-ABC". Bronzegießer aus Dinant brachten nach der Überlieferung vor mehr als 350 Jahren das **Zuckergebäck** mit nach Aachen. Die mit Rohrzucker und Wildblütenhonig gesüßte Leckerei inspirierte die heimischen Bäcker zu einer Kreation, die sie Printe nannten. In die rohe Printenmasse wurden hölzerne Modeln gedrückt, die den Teig zu kunstvollen Figuren und Motiven formten. Vom Drücken, dem „Prenten", soll das Gebäck seinen Namen erhalten haben.

Schon wenn der Passant vom Aachener Hauptbahnhof in Richtung Franzstraße abbiegt, ereilt ihn vor allem in der Vorweihnachtszeit eine verführerische Duftmischung aus Zimt, Anis und Koriander. Nur wenige Hundert Meter von hier backt die Familie Klein in nunmehr vierter Generation den Aachener Klassiker – kleine oder große Printen, weiche oder harte, mit Schokolade oder ohne, mit Nüssen oder Mandeln. Schon der Blick in das liebevoll dekorierte Schaufenster des Verkaufsraums vor der Backstube macht es schwer, der süßen Verführung zu widerstehen.

Die „Schuld" an der Entstehung der Printe von heute geben die Aachener **Napoleon**. Seine 1806 gegen England verhängte Kontinentalsperre belebte den erfinderischen Geist auch bei den Printenbäckern, die von nun an auf den Wildblütenhonig und den Rohrzucker verzichten mussten. Dafür stiegen sie auf Zucker aus heimischen Rüben um mit der Folge, dass der Teig gröber, zäher und schwerer formbar wurde. Das war anno 1831 zugleich die Geburtsstunde der flachen, schlanken **Schnittprinte.**

Klein ist mittlerweile die einzige von elf weiteren Printenbäckereien in Aachen, die ausschließlich auf diese Backware setzt. Schon bei der Gründung des Betriebs 1912 durch Peter und Christine Klein spielte die Printe eine Rolle als **Saisongebäck.** Nach den Kriegsjahren übernahm Sohn Josef mit seiner Frau Maria den Betrieb, ehe 1978 mit Heinz Klein die dritte Generation einstieg. „Da ich allerdings an einer Mehlallergie erkrankte, hat meine

Frau Ursula nach dem ersten Staatsexamen ihr Medizinstudium geschmissen und sich für unser **Handwerk** entschieden", freut sich ihr Mann Heinz noch heute.

Als sich zu Beginn der 1990er-Jahre die Bäckereilandschaft in der Region nachhaltig veränderte, mussten auch die Kleins intensiv über ihre Zukunft nachdenken. Zum Jahrtausendwechsel entschieden sie sich zur **Spezialisierung** auf die ganzjährige Printenherstellung und damit zur Aufgabe anderer Backwaren, die sie seither von anderen kleinen Handwerksbetrieben beziehen. „Das war eine mutige, aber auch richtige Entscheidung", blickt der Seniorchef zurück.

„Die in Sütterlinschrift verfasste Rezeptur der Klein'schen Printe lagert gut gesichert im Tresor", so Andreas Klein, der 2015 die Verantwortung für die traditionsreiche Printenbäckerei übernahm. Die **Grundzutaten** der Aachener Printe sind dunkles Weizenmehl, Kandis, brauner Farinzucker und Zuckerrübensirup. Das Familiengeheimnis liegt im Mengenverhältnis von Anis, Koriander, Zimt und Nelken. „Mit Knetmaschinen verarbeiten wir die Zutaten zu einem schweren Teig, den wir vor der Weiterverarbeitung einen Tag lang lagern müssen. Damit sich die gehärtete Masse mit der Hand weich kneten lässt, geben wir Natron und Pottasche als Lockerungsmittel zu", erläutert Andreas Klein. Danach wird der Teig – in handliche Stücke geschnitten – durch die Printenmaschine gepresst. Dank unterschiedlicher Walzen entstehen große Platten und kleine Schnittprinten, Stäbchen und Konfekt.

Nach dem Schnitt werden die Teiglinge entweder mit Nüssen oder Mandeln belegt oder direkt in große Umluftöfen geschoben, wo sie je nach Sorte 15 bis 20 Minuten gebacken werden. „Danach sind die Printen hart wie Stein. Um sie etwas weicher werden zu lassen, wandern sie in einen **Klimaraum** mit genau dosierter Kombination aus Kühlung und Luftfeuchtigkeit, sodass sie nach einer Woche und täglichem Wenden perfekt sind. Die klassische Gewürzprinte ist ohnehin immer knusprig, weil sie frisch in die Beutel verpackt wird", betont der Senior. Daran ändere auch der von Hand aufgepinselte Lack aus geröstetem Kartoffelmehl nichts, der die Oberfläche glänzen lässt. Wer es nicht ganz so knackig mag, der greife eher zur **Weichprinte.** „Mit Überzügen aus diversen

INFO
Printenbäckerei Klein e.K.
Franzstraße 91
52064 Aachen
www.printen.de

Schokoladen halten wir Feuchte oder das Knusprige im Gebäck, und das macht sie so vielfältig", so Heinz Klein. Die Renner seien übrigens die Nuss-Weich-Printe und die Gewürzprinte, also das teuerste und billigste Angebot.

Weit mehr als **eine Million** Stückprinten backen die Kleins pro Jahr, Tendenz steigend. Vertrieben werden sie im Stammhaus und zwei weiteren Geschäften in der Innenstadt. Hinzu kommen Weihnachtsmärkte in Städten wie Köln, Düsseldorf und Essen, das Wiederverkaufsgeschäft über ausgewählte Confiserien und das Onlinegeschäft. „Dabei freut mich besonders, dass unser **Stammgeschäft** auf der Franzstraße trotz fehlender Laufkundschaft Hauptumsatzträger geblieben ist", strahlt Heinz Klein, der sich wie seine Frau weiterhin da einbringt, wo gerade mal Hilfe notwendig ist.

Waren die beiden nach der Spezialisierung auf Printen außerhalb der Saison alleine in der Bäckerei anzutreffen, hat sich die Zahl mittlerweile auf sieben erhöht. Wenn die Öfen ab **Oktober** heiß laufen und die Stände auf den Märkten besetzt werden müssen, sind bis zu 150 Frauen und Männer im Namen der Printe im Einsatz. In dieser Zeit gehen auch die meisten Klein-Erzeugnisse auf Reisen in alle Welt. Folgt man den Darstellungen der Absender, dann sind Gewichtsprobleme durch den Printengenuss zu vernachlässigen. „Sie enthalten keine Fette, Zucker macht überdies stark und Mehl sättigt", preist Andreas Klein die **Bekömmlichkeit** seiner Leckereien an und rechnet vor, dass die Gewürzprinte nur 379 Kalorien pro 100 Gramm aufweist. Und schon fällt der Griff in die reich mit Kostproben gefüllte Schale deutlich leichter ...

Gerber

Mit einer App den Humidor steuern

Der Weg des Unternehmens hin zu seiner heutigen Bedeutung war nicht immer einfach. „Doch von Beginn an waren Kompetenz, Freude am Tun und Qualitätsbewusstsein die entscheidenden Faktoren, die wir nach wie vor leben", betont Tischlermeister Karl-Heinz Gerber senior, der mit seinem gleichnamigen Sohn das Geschäft mit neuen Ideen vorantreibt. Bei allem Wandel sei die 1883 von Carl Gerber formulierte **Firmenphilosophie** bestehen geblieben: „Erfolg und Beständigkeit lassen sich nur mit großem Engagement, Liebe zum Metier und unternehmerischem Mut realisieren."

Als Schreinermeister Carl Gerber 1883 in Duisburg die Basis für das heute in fünfter Generation geführte Familienunternehmen schuf, konnte er nicht ahnen, was sich aus den kleinen Anfängen in der innerstädtischen Werkstatt entwickeln würde: Heute produzieren die Gerbers handgefertigte Möbel und Innenausbauten für Kunden nahezu rund um den Globus. Dabei haben sie in einer besonderen Sparte die Rolle des Weltmarktführers übernommen – mit der Herstellung von Humidoren, die für Afficionados eine Bereicherung zu ihrem Zigarrenschatz sind.

Großen Spaß verspürt man bei dem Vertreter der fünften Generation, wenn er über ein kleines, aber besonders feines Geschäftsfeld reden kann, den Bau von Humidoren. Eine Affinität zur Zigarre habe das Unternehmen immer schon gehabt. „Mein Urgroßvater hat von morgens bis abends gesmokt", erinnert sich der Junior ebenso wie an die ersten Zigarrenkisten aus dem Hause Gerber. Aus den **Kisten** wurden Humidore, die sich vor allem im Laufe der vergangenen beiden Jahrzehnte immer weiterentwickelten. „Heute bieten wir perfekt ausgestattete, hochfunktionale, feuchtigkeitsregulierende Schränke an, die weltweit einzigartig sind", betont Gerber junior, der als „leidenschaftlicher Nichtraucher" gilt.

Der Traditionsbetrieb bietet unterschiedliche Humidormodelle für kleine und große Zigarrensammlungen an, vom Tischhumidor bis zur Cigar Lounge in verschiedenen **Dimensionen** und Ausstattungsvarianten. Die Manufaktur konstruiert und fertigt individuell auf den jeweiligen Kunden und seinen Bedarf zuge-

schnittene Lösungen. „Mit Liebe zum Material Holz entsteht in vielen aufwendigen Arbeitsschritten aus dem kostbaren Rohstoff ein faszinierendes Möbelstück", betont der Seniorchef.

Die ausgesuchten Hölzer werden mithilfe von modernsten Maschinen hochpräzise gesägt, gefräst und zur weiteren Verarbeitung vorbereitet. Damit die Bewegungs- und Schließsysteme der Schränke später jederzeit geräuschlos und zuverlässig arbeiten, wird jeder Arbeitsschritt sorgfältig geprüft. Der passgenaue Zusammenbau erfolgt abschließend mit den wichtigsten Werkzeugen eines Tischlers, seinen Händen.

Für das Innere eines Gerber Humidors wird ausschließlich sorgfältig ausgesuchtes und vorgetrocknetes Spanisches Zedernholz (Cedrela odorata) verarbeitet. „Das **Aromaspektrum** dieses Holzes ist sehr nah an dem des Tabaks. Es gibt kein Holz, das für die Lagerung von Zigarren perfekter wäre. Wer sich zum Beispiel für das Holz einer gewöhnlichen Zeder entscheidet, kann eine komplette Sammlung zerstören, weil der Geruch viel zu harzig und zu überdeckend für das fein differenzierte Aroma einer Zigarre ist", erklärt Gerber junior.

INFO
Gerber GmbH
Auf der Höhe 62–64
47059 Duisburg
www.gerber-gmbh.de

Die Außenhülle eines Gerber Humidors wird nach den individuellen Wünschen der internationalen Kunden gestaltet. Edle Hölzer werden in vielen Schichten lackiert und geschliffen, bis sie perfekt glänzend oder matt den Ansprüchen der Afficionados genügen. Außer Holz kommen auch viele andere Materialien zum Einsatz, von Blattgold über Mineralwerkstoffe wie Corian bis hin zu Parapan und Carbon. Die Ausstattungselemente, die individuell zusammengestellt werden, sind nahezu **unerschöpflich.**

Aktuelles Highlight aus dem Hause Gerber ist das Modell No. 1, ein sehr großer Schrankhumidor, der in enger Zusammenarbeit mit einem langjährigen Kunden für dessen Sammlung von einigen **Tausend** Zigarren entwickelt und gebaut wurde. „Der besondere Anspruch bestand darin, einen hochfunktionalen, feuchtigkeitsrelevanten Schrank von Hand zu fertigen, der gleichermaßen modern, repräsentativ und unverwechselbar im Design sein sollte. Das Ergebnis war so überzeugend, dass aus einer Kundenidee unser größtes und exklusivstes Modell No. 1 entstand", zeigen sich Vater und Sohn begeistert. Auch technisch würden die Humidore ständig weiterentwickelt. So sind schon seit einigen Jahren Beleuchtung, Lüftung und Befeuchtung elektronisch per intelligenter SPS und Web-Interface steuerbar. „Bisher einmalig ist zudem unsere **iPhone App,** mit der unsere Kunden ihren Humidor von überall auf der Welt steuern können", so der Junior.

Unternehmen aus Hotellerie und gehobener Gastronomie, Flughäfen, Kreuzfahrtschiffe und Eigner von Luxusjachten zählen zu den Auftraggebern von Gerber. So ist in der Smokers Lounge des berühmten Hotels **Adlon** in Berlin ebenfalls eine Spezialanfertigung zu finden wie auf drei Schwesterschiffen der TUI-Flotte „Mein Schiff". Die kleinsten Humidore aus der Duisburger Manufaktur, in denen auch schon voll automatisch gemessen und geregelt wird und die Platz für mehr als hundert Zigarren bieten, starten bei etwa 2000 Euro. Wer es etwas teurer mag, der darf für seine speziellen Anforderungen auch 40.000 Euro oder mehr in sein genussvolles Hobby investieren.

Die Exportquote für die Duisburger Meisterwerke liegt bei 70 Prozent. Sie sind in Asien und den USA ebenso zu finden wie in Katar, Russland oder in der Schweiz. Der Anteil der Humidore am Gesamtumsatz des Unternehmens sei „spannend genug, da wir mit diesen handwerklichen Leistungen zeigen können, wozu unser Betrieb in der Lage ist. Aus der Lieferung eines Humidors an ein Hotel oder einen Unternehmer resultiert dann auch schon mal der Folgeauftrag für Innenausbauten oder für eine neue Büroeinrichtung", so der Junior, der auch vor außergewöhnlichen Kundenwünschen nicht zurückschreckt. Wenn zum Beispiel ein Multimillionär für seinen Privatjet einen Humidor mit einer Haut aus **Rochenleder** begehrt ...

Rheinland Distillers

Zwei beste Freunde, ein Gin

Raphael Vollmar, gelernter Bankkaufmann und studierter Wirtschaftswissenschaftler, führt in vierter Generation die Geschäfte des renommierten Kaufhauses Vollmar & Söhne in der Bonner Innenstadt. Gerald Koenen studierte Wirtschaftsrecht und arbeitet heute als Chief Operating Officer bei einem Start-up-Inkubator. „Uns beide verbindet die Liebe zu handgemachten Produkten mit **Charakter",** betont Vollmar.

Besser hätte der Termin nicht gewählt werden können: Der 2014er-Kalender zeigt die Schnapszahl 11.11. an, als das Start-up Rheinland Distillers UG in das Bonner Handelsregister eingetragen wird – der Start zu einer Erfolgsgeschichte, die in der Spirituosenbranche beispiellos sein dürfte. Die Schwäche für Hochprozentiges trug dabei zweifellos mit zum Aufbau einer starken Marke bei. Die beiden Macher, seit mehr als zwei Jahrzehnten beste Freunde, brachten außer ihren Erfahrungen als Konsumenten keinerlei Fachwissen in ihre ursprüngliche Schnapsidee ein.

Bei einem Feierabend-Drink irgendwann im Jahre 2013 fiel dem Duo auf, dass der Gin als aktuelles **Modegetränk** zwar viele Anbieter auf den Markt gelockt hatte, aber noch keinen lokalen. Zwei, drei Gläser danach waren sich die beiden einig: „Wir packen das an!" Koenen lässt die damaligen Gedanken Revue passieren. „Unsere erste Frage lautete: Was soll unseren Gin auszeichnen? Die Spirituose besteht generell aus einem Basisschnaps. Fester Bestandteil ist zudem der Wacholder. Die eigene Note eines jeden Gin entsteht dadurch, dass die Hersteller unterschiedliche Zutaten hinzugeben", erläutert er. Für die beiden engagierten Anpacker war schnell klar, dass ihr Gin einen besonderen Bezug zum **Rheinland** haben sollte.

Ein passender Name musste her. Im Brainstorming kamen sie auf Drachenfels, wo Siegfried, der Held des Nibelungenlieds, den Drachen im Siebengebirge der Legende zufolge besiegt haben soll. Als er im Drachenblut badete, wurde ihm ein auf seine Schulter fallendes Lindenblatt zum Verhängnis. Der Name war geboren: Siegfried Rheinland Dry Gin. Die **Linde** ist übrigens auch für den Gin aus Bonn von Bedeutung: Ähnlich wie in der Sage macht sie auch den Unterschied in der Rezeptur von „Siggi" aus, wie

der Newcomer liebevoll genannt wird. „Die Lindenblüte ist das Leit-Botanical und schafft so die symbiotische Verbindung zwischen Marke und Destillat", erklärt Koenen.

Es folgte die Suche nach dem besten Brenner. „Fahrt mal in die Eifel!", lautete ein Tipp an die beiden. Sie landeten in der Destillerie von Peter-Josef Schütz in **Lantershofen** bei Ahrweiler, dessen Skepsis gegenüber dem Vorhaben zunächst nicht zu überhören war. „Wir hatten handwerklich keine Ahnung, aber eine genaue Vorstellung, wie es schmecken und dass es nicht teurer als 29,90 Euro für den Endkunden werden soll", stellt Vollmar dar. So traf man sich mehrmals – morgens – zur Gin-Probe. Nachdem der Basisalkohol und danach die Zutaten bestimmt waren, stand das Ergebnis nach Monaten intensiver Entwicklungsarbeit mit einem Alkoholgehalt von 41 Prozent und einem Geschmack fest, den Koenen so beschreibt: „Die Frische von Lavendel trifft auf würzig-erdige Noten von Ingwer und **Angelikawurzel** und wird durch den dezent-warmen Charakter der Lindenblüte abgerundet, die Siegfried erst zu Siegfried macht."

INFO
Rheinland Distillers GmbH
Mozartstraße 24
53115 Bonn
www.siegfriedgin.com

Ende 2014 waren die ersten 200 Klarglas-Apothekerflaschen in einer Größe von 0,5 Liter abgefüllt. Nachdem sie am **Esstisch** etikettiert worden waren, fanden sie über Facebook und bei Freunden dankbare Abnehmer. Schnell wuchs der Mut für weitere 500 Flaschen, die ebenfalls zügig den Besitzer wechselten. „Wir haben unser Baby mit 4000 Euro **Spielgeld** in die Welt gesetzt, ohne Kredite, ohne Investoren. Dies ist für ein Start-up völlig untypisch", so Vollmar mit berechtigtem Stolz.

Womit niemand gerechnet hatte, traf ein: Ein Jahr nach dem Launch von Siegfried Rheinland Dry Gin konnten sich die Bonner **Senkrechtstarter** über mehrere internationale Auszeichnungen freuen, sodass Siegfried inzwischen als der am besten bewertete Gin der Welt gilt. „Wir waren völlig überwältigt von dem Erfolg in unserem ersten Jahr. Die großartigen Auszeichnungen und das überaus positive Feedback haben uns darin bestärkt, das einst als Hobby Begonnene fortzusetzen und zu professionalisieren", waren sich die beiden Marktneulinge schnell einig. Auch wenn sie die Nächte **durchgeackert** hätten – nie habe es sich wie Arbeit angefühlt, eher wie ein Rausch. Mittlerweile verzeichnen sie jährliche Umsatzsteigerungen von 100 Prozent und mehr, hat sich die Zahl der verkauften Flaschen auf rund 15.000 pro Monat erhöht, die über große Lebensmittelketten, Getränkefachgroßhändler und Spezialitätenläden und das Internet vertrieben, aber nicht direkt an die Gastronomie geliefert werden. Exportiert wird Siegfried Gin in ein Dutzend Länder, darunter auch **Australien** und Japan.

„Das richtig Schöne an unserem Erfolg ist, dass wir niemandem Rechenschaft schuldig sind, dass wir nur machen, worauf wir Bock haben. Wir haben trotz unseres steigenden Geschäftsvolumens in den ersten 18 Monaten keinen Cent aus dem Unternehmen herausgezogen, sondern alles reinvestiert", freut sich Vollmar. Er versuche mit seinem Partner, bei aller professionellen Arbeit nicht die **Leichtigkeit** zu verlieren, die das mittlerweile vierköpfige Siegfried-Team auch nach Überschreitung der Millionen-Umsatz-Grenze auszeichnet.

„Watt kütt, dat kütt!" Mit diesem Motto blicken die beiden Rheinländer entspannt in die **Zukunft.** Wie immer sich auch das Gin-Geschäft entwickeln wird – „es wird uns nie mehr komplett aus dem Markt rausspülen", gibt sich Vollmar zuversichtlich. Und falls doch? „Dann haben wir eine tolle Zeit gehabt, viele nette Leute kennengelernt, viel Erfahrung gewonnen und kein Geld verloren." Der immaterielle Erfolg, so die beiden Unternehmer, könne ihnen ohnehin niemand nehmen. „Das ist die beste **Droge",** resümieren sie – und stoßen in ihrer kleinen Bar in den Räumen der Bonner Firmenzentrale mit einem „Siggi" auf ihr gegenseitiges Wohl an. ■

kadó

Schmuck aus Edelstahl und Titan

1997 entstand die Idee, hier Kollektionen aus einem zeitlosen Werkstoff in einem puristischen Design herzustellen. Das von dem Kaufmann Michael Hofmann mit zwei Angestellten gegründete und nach ihm benannte Unternehmen erfreute sich in den Jahren danach einer ständig steigenden Nachfrage, die u. a. zur Anschaffung neuer Produktionsmaschinen führte. Um einen modernen **Markenauftritt** zu generieren, wird 2002 aus „Hofmann Schmuck" der prägnante Name „kadó" mit dem Zusatz „schmuckmanufaktur". Nach Höhen und Tiefen sowie Eigentümerwechseln übernehmen 2016 Stephan Wefers und Frank G. Weber die Geschäftsführung der kadó GmbH, eine Tochtergesellschaft der W&W Präzisions- und Feinwerktechnik GmbH. Nach erfolgreicher Sanierung und Modernisierung der Fertigung geht die Manufaktur mit neuen und stylishen Kollektionen an den Markt.

Mönchengladbach, Ortsteil Giesenkirchen. Der Weg führt an zwei ehemaligen Textilbetrieben vorbei. Um die Jahrhundertwende entstand hier u. a. die spätere Vereinigte Rumpus AG, eine Spinnerei und Weberei, deren ausgedehnter Betriebskomplex noch heute erhalten ist – neben Maschinen- und Kesselhaus mit Kamin weitere Produktionshallen der ehemaligen Bleicherei, ergänzt durch Remisen mit Stallungen und einem Bürotrakt. Hinter diesen denkmalgeschützten Mauern fertigt seit vielen Jahren die Manufaktur kadó vielfältigen Schmuck aus Edelstahl.

„Wir setzen auf Edelstahl vor allem deshalb, weil es zu unserem Selbstverständnis und zu unserer Region passt, wo man den Ursprung der stahlverarbeitenden Industrie findet", betont der gelernte Industriemechaniker Weber. Das harte und widerstandsfähige Material biete zwar **Vorteile** bezüglich der Langlebigkeit der Schmuckstücke, bedeute aber auch eine bearbeitungstechnische Herausforderung, der sich die Manufaktur-Spezialisten gerne stellen: „Sie haben ebenso langjährige Erfahrung mit dem Werkstoff Edelstahl wie mit aufwendigen Fassarbeiten", versichert Wefers. Deshalb ließen sich die Designer so wenig wie möglich von dem eigensinnigen Material einschränken. „Vielmehr versuchen wir Grenzen zu durchbrechen und probieren gerne Neues aus", sagt Weber.

Mit Blick zurück auf die Anfänge der Manufaktur präsentiert er den ersten Ring aus dem Jahre 1997, der damals 19,99 DM kostete. „Hinter der Artikelnummer 108-001 verbarg sich dieser ganz einfache Ring, 13 Millimeter breit mit einer Wandstärke von zwei Millimetern. Heute wäre er gänzlich unverkäuflich", schmunzelt Wefers, der als gelernter Betriebswirt im Unternehmen die Bereiche Finanzen und Administration betreut.

kadó bietet heute 8000 verschiedene Artikel mit rund 40.000 Variationsmöglichkeiten an, **Tendenz** steigend. Neben Edelstahl werden etwa 15 Prozent des Sortiments aus Titan gefertigt. „In Deutschland kennen wir nicht mehr als fünf Manufakturen, die Edelstahl und Titan verarbeiten, aber wohl keine von ihnen stellt so viele Artikel her wie wir", meint Weber. Mehr als 100.000 Schmuckstücke sind es, die jährlich von den Designern, Goldschmieden, Drehern und Polierern in dem historischen Ambiente vollendet werden. „Vor Jahren waren es sogar noch deutlich mehr. Doch mittlerweile sind die nachgefragten Schmuckstücke aufwendiger und komplizierter geworden, was mehr Zeit beansprucht", erklärt Weber, der für den Produktionsbereich verantwortlich zeichnet.

INFO
kadó GmbH
Konstantinstraße 2–16
41238 Mönchengladbach
www.kado-design.com

Ob Hals-, Arm- oder Ohrschmuck, ob Ringe, Manschettenknöpfe oder Schlüsselanhänger: Wenn der Außendienst von kadó zweimal jährlich in Deutschland, Österreich und der Schweiz die jeweils aktuelle Kollektionen präsentiert, sind die Koffer prall gefüllt. Die Ideen für mehr als die Hälfte der neuen Kreationen stammen übrigens von den **Goldschmieden** und ihren Kollegen in der Fertigung. „Um eine gleichbleibend hohe Qualität zu gewährleisten, legen wir besonderen Wert auf eine gute Zusammenarbeit mit erstklassigen Zulieferern. Deshalb werden in unseren Schmuckstücken seit jeher nicht nur Zirkonia, sondern auch Edelsteine und Brillanten der Marke Swarovski Gems verarbeitet. Denn hoch entwickelte Swarovski-Technologien garantieren Brillanz und Reinheit sowie außergewöhnliche Schliff- und Verarbeitungspräzision", plaudert Wefers aus der Schule.

Zu den erfolgreichen Konzepten von kadó zählt die Kollektion „changes". Sie steht unter dem Motto „create yours". Die Besonderheit ist der Grundgedanke, die Schmuckstücke miteinander zu kombinieren, auch wenn nach Darstellung des Unternehmens

„jedes Modell auch als Solitär ein Blickfang ist". Diese Kollektion rege dazu an, Geschmack und **Persönlichkeit** zum Ausdruck zu bringen sowie individuelle Kombinationen zu kreieren.

Zu den Attributen der Frauen, die sich für „fascination" entscheiden, gehört nicht unbedingt Bescheidenheit. Groß, glamourös und nicht zu übersehen: Der Stil dieser Schmuckstücke reicht von zeitloser Eleganz bis hin zu luxuriöser **Extravaganz.** „Mit der Aufnahme dieser Serie in unsere Markenwelt sprechen wir ganz gezielt eine Käufergruppe an, die opulenten Schmuck liebt und sich klar darüber definiert", so Weber.

kadó verfügt über keine Lagerware. Produziert wird, was geordert wurde. Dabei zählt die Anfertigung von Sonderwünschen zum Tagesgeschäft. Die Mönchengladbacher Manufaktur hat übrigens die einzigartige gebrauchsmusterrechtlich geschützte Goldgradierung entwickelt. Dabei entsteht durch einen Schriftzug aus Echtgold ein dreidimensionales Goldrelief auf einem Ring oder einem anderen Schmuckstück.

Zu den Kunden von kadó zählen schon seit Jahren nicht nur Zwei-, sondern auch Vierbeiner: Für **Hunde** hat das Unternehmen eigens die Linie „kadogs" entwickelt und fertigt seither Anhänger aus Edelstahl. Um ihnen einen individuellen Charakter zu verleihen, erhalten sie eine Gravur mit dem Namen des Tieres und einer Telefonnummer oder aber auch einen persönlichen Text nach Wahl. Somit entsteht ein einzigartiges Schmuckstück für Sally, Marly oder auch Charly. Warum sollte es ihnen auch schlechter gehen als ihren Frauchen ...

M. Westermann & Co.

Mit dem „Pushboy" in eine neue Ära

Der Bauklempner Martin Westermann war es, der hier einst einen Handwerksbetrieb aufbaute, der sich aber bald danach zu einem Industrieunternehmen wandelte. „Schon seit Anfang des 20. Jahrhunderts gehörten alle zu dieser Zeit erhältlichen Haus- und Küchengeräte aus Metall zum Produktprogramm. Das Sortiment umfasste zum Beispiel Kaffeeflaschen für Bergleute oder **Stalllaternen.** Aber auch so manches von dem, was wir aktuell in unserem Angebot haben, zählte damals schon dazu, seien es Brotkästen oder Vorratsdosen", blickt der Geschäftsführende Gesellschafter Egbert Neuhaus zurück.

Poppige Vielfalt, klare Formsprache und hochwertige Qualität – die Marke Wesco verschönert mit farbenfrohen und funktionalen Produkten aus pulverbeschichtetem Stahlblech Küchen, Bäder und Wohnzimmer ihrer Kunden. Auch wenn das 1867 in Arnsberg gegründete Familienunternehmen M. Westermann & Co. mittlerweile mehr als 90 Prozent seiner Erzeugnisse mit hochmoderner Technik an seinem zweiten Standort im sächsischen Schwarzenberg herstellt, betreibt es am sauerländischen Stammsitz eine Metallmanufaktur im klassischen Sinn.

Als 1911 die Marke Wesco angemeldet wurde, produzierte das Unternehmen bereits erste „Ascheimer". Nach dem Zweiten Weltkrieg wurde das Programm um Brotkästen und Abfalleimer erweitert, ehe der **Tretabfallsammler** Einzug ins Sortiment hielt.

Eine glückliche Fügung war die bereits sehr frühe Beschäftigung mit dem Thema der Mülltrennung, als diese Problematik gerade Einzug in die politische Diskussion hielt. So brachte Wesco 1985 als erster Hersteller den Öko-Doppelsammler auf den Markt. Das Sortiment an Einbau-Abfallsammlern wurde seitdem kontinuierlich ausgebaut und umfasst heute mehr als 250 Artikel.

Während die Haushaltsartikel von Wesco zunächst reine Gebrauchsgegenstände waren, starteten die Sauerländer 1989 mit Einführung des „Pushboys" eine neue Ära. „Die Idee für den großvolumigen Abfallsammler kam mir bei einem einjährigen Aufenthalt als Student in den USA. Dort fielen mir die Abfallbehältnisse mit ihren typisch amerikanischen Dimensionen ins Auge – es

war Liebe auf den ersten Blick", formuliert Neuhaus. Zurück in Deutschland, hat sich dann die **Produktentwicklung** von Wesco darangemacht, aus dem amerikanischen „trash can" den deutschen Pushboy zu designen.

Das Ziel, aus einem „hässlichen Entlein" ein **Deko-Objekt** für die Küche zu machen, wurde erreicht. Doch überzeugt war davon zunächst nicht jeder. „Sogar mein Vater Josef zweifelte. Doch der Pushboy ist abgegangen wie nichts. Bis heute haben wir davon mehrere Millionen Exemplare verkauft", freut sich der Sohn des Skeptikers. Dem Pushboy folgte eine umfangreiche Linie weiterer **Design-Produkte** wie Brotkästen, Vorratsdosen und Gewürzmühlen, Wasserkessel, Küchenuhren und Papierrollenhalter. Mit ihren knalligen Farbvariationen und ihrem großen Wiedererkennungswert sorgen sie für die hohe Markenbekanntheit und das stetige Umsatzwachstum auf jährlich rund 50 Millionen Euro, das an beiden Standorten von je 120 Mitarbeitern erzielt wird. „Besonders der Brotkasten ‚Grandy' hat sich als großer **Publikumsliebling** erwiesen. Er steht als Design-Ikone im Shop des Museum of Modern Art in New York", freut sich Neuhaus, der 1990 als Geschäftsführer in das Unternehmen eintrat. Nach dem Tod seines Vaters im Jahre 1996 wurde er Geschäftsführender Gesellschafter.

INFO
M. Westermann & Co. GmbH
Bahnhofstraße 205
59759 Arnsberg
www.wesco.de

Wer sich ein Bild von den aktuellen Wesco-Produkten machen möchte, sollte der **Villa Wesco** einen Besuch abstatten. Seit 2011 beherbergt das denkmalgeschützte Gebäude neben dem Fabrikgelände das Marken-Erlebniszentrum. „Mit der Villa wollten wir einen Ort kreieren, an dem wir mit den Fans unserer Marke hautnah in Kontakt treten. Sie haben hier die Möglichkeit, in unsere Produktwelt einzutauchen, im Outletshop zu stöbern oder an Kochkursen teilzunehmen", erläutert Petra Ohlmeyer, Marketing/PR-Manager des Unternehmens und Verfechterin des direkten Vertriebswegs. 2016 wurde eine weitere Villa Wesco auf **Mallorca** eröffnet. „Hauptabsatzgebiete von Wesco sind neben Deutschland vor allem Benelux, Großbritannien und Skandinavien. Genau aus diesen Ländern kommen die Urlauber auf Mallorca. Somit ist die Insel der richtige Ort für die Ansprache unserer europäischen Kunden", stellt die Marketingchefin fest.

Hier, im Zentrum von Santa Maria del Cami, vermittelt Wesco auch einen Einblick in seine 2010 gestarteten **Möbel-Aktivitäten.** „Wir sind dazu gekommen wie die Jungfrau zum Kind. Von der Küchenmöbelindustrie wurden wir gefragt, ob wir nicht Standfüße für Tischplatten machen können, haben dann die Maschinen dafür angeschafft und festgestellt, dass wir noch mehr herstellen könnten, nämlich die Alu-Profile für den gesamten Unterbau", schildert Neuhaus.

Daraus hat sich die **„alumentur"** entwickelt, die etwa zehn Beschäftigte zählt. Vom ersten Design-Entwurf bis zur Fertigstellung werden alle Arbeiten vom Wesco-Design-Team inhouse durchgeführt. Dank der langjährigen Erfahrung im Umgang mit Metall und insbesondere Aluminium ist es in der Lage, ästhetisch ansprechende und technisch ausgereifte Möbel zu produzieren. Ob Kleinstmöbel, Tische oder Sitzmöbel für Küche, Esszimmer und den Außenbereich – die unter dem Markenname „aluments" vertriebenen Möbel werden aus hochwertigen Aluminiumprofilen gefertigt, im Edelstahleffekt gebürstet oder farbig beschichtet.

Kombiniert werden die Gestelle mit edlem Echtholz, beschichteten Oberflächen, Glas oder Leder – der Kunde entscheidet. Dies gilt auch für die Maße, da jedes Stück auftragsbezogen in **Manufakturqualität** hergestellt wird. Die Mitarbeiter bearbeiten die angelieferten Alu-Profile per Hand, bohren Löcher für die Schrauben, befestigen mit Spezialkleber, da keine Schweißnaht den hochwertigen Eindruck trübt. Auch wenn das aluments-Programm nur einen geringen Anteil am Gesamtumsatz ausmacht, so ist es nach Ansicht von Petra Ohlmeyer ein nicht zu unterschätzender **Imageträger:** „Wohnen, Ambiente, Einrichten hat etwas mit Lifestyle zu tun. Die Leute wollen nicht 08/15!"

Flair Modellbrillen

Pionier und Weltmarktführer

Dem Pioniergeist des Firmengründers Dr. Eugen Beck sowie der Hartnäckigkeit eines Mannes aus Rathenow ist es zu verdanken, dass heute einzigartige **Designerbrillen** in höchster Qualität Liebhaber in mehr als 60 Ländern finden. Um eine Existenz in der Nachkriegszeit aufzubauen, benötigte Beck einen geeigneten Standort. Diesen fand er in einer Funkstation außerhalb der Stadt auf einem sanften Hügel. Hier widmete sich der Jungunternehmer in den Zeiten des Mangels vor allem der Produktion von Kunststoffverbundlagern und der Vulkanisation von Reifen.

Es ist eine Oase der Ruhe und des Rückzugs, eine Landschaft, die Mensch und Natur nahe zueinanderführt: Am Rande des Naturschutzgebiets Mackenberg zwischen Oelde und Beckum führt der Weg in ein bewaldetes, von außen kaum einsehbares Gelände mit älteren weißen Bungalowbauten. Hier, im „Flairpark", hat die renommierte Brillenmanufaktur Flair ihren idyllischen Sitz.

Ihm wurde schnell bewusst, dass diese Geschäfte mittelfristig kein allzu großes Potenzial hätten. Da kam ihm der Besuch eines Mannes aus **Rathenow** gerade recht. Er wollte Beck davon überzeugen, künftig Brillen herzustellen. Da dieser weder etwas davon verstand noch Rohstoffe und Werkzeuge zu deren Fertigung besaß, war er so schnell nicht von der Idee seines Besuchers zu überzeugen. Doch der kam einige Tage später mit entsprechenden Materialien wieder nach Oelde – und schuf mithilfe von Säge, Hammer, Bohrer und Meißel Brillen aus Hufen von **Kühen,** die Beck überzeugten. Er stellte den Tüftler ein und setzte von 1946 an auf Brillenfassungen. Eine Ära begann – die Erfolgsgeschichte der „Dr. Beck Brille".

Zunächst wurden Fassungen aus Kunststoff bzw. Acetat hergestellt. Zu einem großen **Verkaufsschlager** avancierten dann die ersten Brillen, die nicht mehr mit vollem Rand, sondern mit einem einfachen Schwebebalken hergestellt wurden – der erste Schritt hin zu leichten Sehhilfen und zur späteren Rolle als **Innovationsführer.** Im Laufe der Zeit stieg auch Becks Sohn Rainer in das Unternehmen ein, das er 1968 übernahm. Nach seinem Studium brachte er frische Ideen mit und schlug vor, neben Voll-

randbrillen auch **randlose** Fassungen zu fertigen, damals noch Bohrbrillen genannt. So entstand 1972 die erste Glasbohrbrille unter dem Namen „Flair".

Im Jahre 2005 erwarb Gunter Fink die Firma, deren Geschäfte er bis Sommer 2017 führte. Ihm folgte Sven Reiß, der seit 2009 den kaufmännischen Bereich leitete. Zugleich erwarb Rainer Beck das Unternehmen zurück, unter dessen mehr als 40-jähriger Führung es zu einem Pionier und Weltmarktführer randloser Brillenmode aufstieg. Reiß, der zuvor als Unternehmensberater tätig war, hat in seiner Zeit bei Flair Höhen und Tiefen erlebt. Im Zuge von Wirtschafts- und Finanzkrisen entwickelten sich ganze Volkswirtschaften stark rückläufig. Im Gegenzug gelang es, andere Märkte zu festigen. „Doch allen Schwierigkeiten zum Trotz konnten wir durch **Treue** zu den Wurzeln von Flair sowie unsere deutschen Werte wie Service, Verlässlichkeit und Perfektion bis ins Detail unsere Position festigen", betont Reiß.

INFO
Flair Modellbrillen
Flairpark
59302 Oelde
www.flair.de

Das Unternehmen hat es verstanden, mit immer neuen Innovationen und Technologien das Lebenswerk der Herren Beck voranzubringen. Dabei setzt es auf Qualität, Design und Service. Im Flairpark lassen kreative Designer, **Goldschmiede** und Farbspezialisten gemeinsam die Urmuster neuer Brillen entstehen und wachsen. Rund 250 Zeichnungen sind es Jahr für Jahr, die von einem kleinen Expertenteam begutachtet, verworfen oder für eine Prototypenfertigung ausgewählt werden. Letztendlich werden 30 bis 35 Modelle neu in die Kollektion aufgenommen – im Austausch gegen eine vergleichbar hohe Anzahl älterer Fassungen. Rund 110 Modelle umfasst derzeit das Angebot aus Oelde. Davon entfallen etwa 60 Prozent auf randlose Brillen.

Ist die Entscheidung für eine Fassung gefallen, beginnt ein mühsamer Weg aus bis zu vielen Hundert exakt aufeinander abgestimmten Arbeitsschritten, bis jede einzelne Brille in sorgfältiger **Handarbeit** vollendet werden kann. Und immer wieder sorgen strengste Qualitätskontrollen dafür, dass aus jeder Brille eine echte Flair wird – made in Germany.

Dabei setzt die Manufaktur auf das weltweite Patent „pure technology": Die Gläser werden nicht mit dem Gestell verschraubt, sondern mit einem hochfesten, dauerelastischen und eigens entwickelten **Nylonfaden** befestigt - eine anspruchsvolle und weltweit einzigartige Konstruktionstechnologie, deren Ergebnisse schlicht, elegant und leicht sind. „Gerade einmal 1,8 Gramm zählt unser leichtestes Modell", so Reiß.

„pure technology 2" steht für eine Weiterentwicklung des erwähnten Patents und damit für die weltweit patentierte Knotentechnik, bei der Bügel und Glas mit dem Flair Nylonfaden anstelle eines Scharniers verbunden werden. Als Bügelmaterial wird neben Titan vor allem **Bio-Steel** eingesetzt, ein hauchdünnes und nickelfreies Hightech-Material aus der Medizintechnik. Es ist so elastisch und formstabil, dass es die Eigenschaften von Titan um etwa das Doppelte übertrifft.

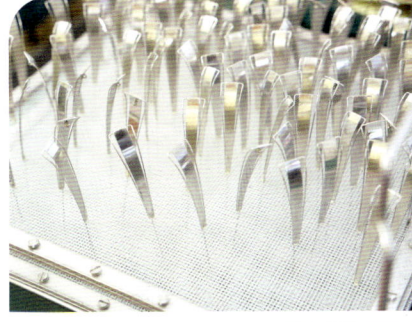

Die Preise für Brillen von Flair beginnen bei 180 Euro, das Gros liegt bei rund 350 Euro. Allein in Deutschland stehen 3500 zumeist mittelständische Augenoptiker in einer Geschäftsbeziehung zu Flair. Während ihre Kunden eher „schlicht" tragen, tendieren Frauen im Fernen oder Nahen Osten eher zu Brillen mit Schmucksteinen, **Diamanten** oder Echtgold-Dekor. „Ein solches Modell kann bis zu 3000 Euro kosten", betont Reiß.

Sein Ziel ist es, die sehr gute Position von Flair im Segment leichter Brillen und Fassungen in hoher Qualität weiter auszubauen. „Eine besondere **Herausforderung** in der heutigen Zeit ist es, die Manufaktur mit all ihren Besonderheiten und Stärken zu emotionalisieren und diese mit einer modernen Strategie, höchster Kundenorientierung und einem nachhaltigen Marketing noch stärker zu nutzen", betont der Geschäftsführer. ■

Engels Kerzen

Mehr als nur geformtes Wachs

1933 gründete sein Großvater Karl-Wilhelm Engels den **Familienbetrieb** mit sechs Mitarbeitern und machte sich einen Namen als Lieferant für das gesamte Bistum Aachen. Noch heute ist die Manufaktur mit Sitz in Kempen die einzige Wachszieherei in diesem Bistum, die nach traditioneller Art Kerzen fertigt. „Auch den Aachener Dom statten wir mit allen Kirchen- und Altarkerzen aus. Der einzigartige **Barbarossa-Leuchter** im Kuppelmosaik ist mit eigens von uns für den Kirchengebrauch geschaffenen Kerzen bestückt, die mit speziellem Hartwachs ummantelt und selbstlöschend sind", erläutert Thomas Engels, der in Aachen auch eine Verkaufsfiliale unterhält.

Die spezielle Verbindung des Unternehmens zur Kirche fand auch 2005 beim XX. Weltjugendtag (WJT) Ausdruck, bei dem Engels als **alleiniger Lizenznehmer** für die Produktgruppe Kerzen ausgewählt und mit dem Recht der Vermarktung aller WJT-Kerzen ausgestattet wurde. „An einem einzigen Tag haben wir 1,2 Millionen Kerzen an die Pilger verkauft und 8000 spezielle Kerzen für den Papsthügel bereitgestellt, die während des Gottesdienstes nicht ausgehen durften", erinnert sich Thomas Engels, der 1990 nach dem Ausscheiden seines Vaters Karl-Wilhelm jr. die Verantwortung für die Manufaktur übernahm.

Auch wenn Kirchen mit rund 30 Prozent des Gesamtumsatzes nach wie vor eine stabile Säule des Geschäfts bilden, so hat sich das Unternehmen unter der Führung der dritten Generation immer mehr zu einem Hersteller hochwertiger **Lifestyle-Kerzen** mit hohem Anspruch an Qualität und Design mit internationalem Ruf entwickelt. „Als eines der vielfältigsten, aber auch vielschichtigsten Produkte unter den Konsumgütern steht die Kerze für ein besonderes Lebensgefühl, für Kultur, Stil und Genuss. Wir

Sie spenden Licht in Wohnräumen oder auf Terrassen, auf Bäumen oder Teichen, in sakralen Räumen oder bei religiösen Festen: Seit jeher dienen Kerzen als Licht des Lebens und Botschaft der Hoffnung, schaffen zugleich aber auch Atmosphäre, Harmonie und Sinnlichkeit. „Kerzen sind unsere Profession und unsere Leidenschaft. Denn sie sind mehr als nur geformtes Wachs", betont Thomas Engels, der in dritter Generation die Engels Kerzen GmbH führt.

haben uns deshalb zur Aufgabe gemacht, Lichtwelten mit Kerzen ständig weiterzuentwickeln, neue Trends aufzugreifen und auch aktiv mitzugestalten", betont Engels. Inspirationsquellen hierfür seien aktuelle Entwicklungen in Architektur, Design, Form, Farben und Düften. Deshalb arbeite das Unternehmen auch mit namhaften **Parfumeuren** und Designern zusammen.

Engels Kerzen gilt seit Jahren als einer der wichtigsten Trendsetter der Branche, bei dem Einflüsse aus aller Welt das umfangreiche Produktsortiment prägen. „Wir sehen uns als Mitbegründer dessen, was die Kerze heute ist, nämlich ein nicht mehr wegzudenkendes Accessoire in Lebensräumen", formuliert der passionierte Tennisspieler.

Seine Firma bleibe trotz moderner Produktionsverfahren den Werten einer **handwerklichen Kunst** verpflichtet und setze deshalb in weiten Teilen auf Handarbeit. „Ob gegossen, gezogen oder getaucht, ob gelackt oder mit feinem Duft veredelt – wir schaffen jede Kerze mit Liebe zum Detail. Das macht unsere Produkte made in Kempen unverwechselbar, sei es für Lifestyle oder Wellness, Einrichtungsdesign oder Hotellerie", so Engels. Als besonders hochwertig gelten **gezogene Kerzen.** Ihr Docht wird immer wieder in ein warmes Wachsbad getaucht. Dadurch entstehen langsam mehrere dünne, fast sauerstofffreie Wachsmäntel übereinander.

INFO
Engels Kerzen GmbH
Am Selder 8
47906 Kempen
www.engels-kerzen.de

Die Manufaktur bekennt sich auch deshalb kompromisslos zu einem hohen Qualitätsanspruch, um sich von der Konkurrenz vor allem aus China und Osteuropa abzuheben. So zeichneten sich, so Engels, die Kerzen vom Niederrhein durch ein optimales Abbrennverhalten und eine **lange Brenndauer** aus. Das Credo des Unternehmens lautet: Qualität zahlt sich aus. Konkret bedeutet dies: qualitätsgesicherte Rohstoffauswahl, damit die Kerze bestens brennt; Abbrand-getestete Dochte, um Rußen möglichst zu vermeiden; Prüfung aller Inhaltsstoffe, um Gesundheit und Umwelt zu schützen.

Ob klassische Stumpen- oder Stabkerzen, Kerzengläser mit Küchenkräuter-Aromen oder Duftkerzen in mundgeblasenem Glas, üppige Finca-Kerzen oder die mit dem Designpreis „Form 2012" prämierte **Baumkerze** – das Sortiment des inhabergeführten Unternehmens bietet eine Vielfalt an Licht- und Dufterlebnissen. „Dazu zählen auch nachhaltige Produkte, die mit Wachs aus pflanzlichen Brennstoffen wie Sonnenblumenöl und Rapsöl gefertigt werden. „Besonders stolz sind wir darauf, dass es uns gelungen ist, **ganzheitlich** zu arbeiten. Von der Verpackung über die Müllvermeidung durch Wiederbefüllen bis hin zur Nutzung biologischer Rohstoffe sind die einzelnen Wege unserer Bio-Erzeugnisse nachweisbar und umweltschonend", unterstreicht Engels.

Zu seinen Kunden zählt er neben Kirchen und dem Einzel- und Großhandel auch renommierte **Designgeschäfte,** Warenhäuser und die Gastronomie/Hotellerie. Eine immer wichtiger gewordene Säule ist der B2B-Bereich, in dem nahezu jede Branche mit Produkten rund um das natürliche Licht beliefert wird. „So sind wir schon seit einigen Jahren Partner vieler namhafter Marken und Unternehmen, die ihre Firmenaussage mit einem besonderen Lichtobjekt unterstreichen oder ihr Portfolio um eine eigene Kerzenkollektion erweitern möchten", so Engels, der rund 60 Mitarbeiter beschäftigt und ein knappes Drittel der Produktion exportiert – nach **Australien,** Kolumbien und Indien ebenso wie in fast jedes europäische Land, darunter auch klassische Stumpenkerzen, „die von Hand mit **Seidenstrümpfen** poliert werden, damit sie das besondere Finish erhalten", verrät der erfolgreiche Kopf der Manufaktur. ▬

bwh Spezialkoffer

Nischenprodukte als Erfolgsgeheimnis

Gegründet wurde das Unternehmen von Karl-Heinz Wriedt, Carl-August Beyer und Hans Hülso, aus deren Anfangsbuchstaben der Firmenname resultiert. Sie waren vorher für die Firma Segger tätig, die mit Kunstleder bezogene Koffer aus mehrschichtig verleimten Papierrahmen für **Schreibmaschinenhersteller** produzierte. Als das Unternehmen insolvent war, stiegen die drei Ehemaligen ein und gründeten mit 35 Mitarbeitern die bwh Spezialkoffer GmbH mit der Idee, Speziallösungen für die Industrie herzustellen. Sie konzentrierten sich nach und nach auf individuelle Nischenprodukte, die sich als Schlüssel zum Erfolg erwiesen.

Bevergern – eine kleine, reizvolle, vormalige Ackerbürgerstadt im Tecklenburger Land. Aufgrund seiner Atmosphäre im idyllischen Ortskern gilt die rund 4500 Einwohner zählende Gemeinde als ein besonders reizvoller Ortsteil von Hörstel. Unweit der Altstadt hat die bwh Spezialkoffer GmbH ihren Sitz, ein familiengeführtes Unternehmen, das seit 1983 exklusive Spezialkoffer, Präsentationskoffer, Muster- und Gerätekoffer sowie Transportkoffer und -boxen vor allem für Industrie, Handwerk und Dienstleister in alle Welt liefert.

„Unser Renommee und unsere Position als marktführender Hersteller von Spezialkoffern haben wir uns durch absolute Konzentration auf die Anforderung und Wünsche des Kunden und durch kompromisslos hohe Qualität erarbeitet", betont Wriedt, der mittlerweile alleiniger Eigentümer von bwh ist. „Bei uns hat Innovation Tradition. Bereits seit mehr als 30 Jahren setzen wir neue **Standards** und Maßstäbe in der Kofferproduktion, wie zahlreiche Patente, Gebrauchs- und Geschmackmuster belegen."

Bei der „Koffermanufaktur mit dem besonderen Anspruch" erhalten Kunden qualitativ hochwertige Koffer, abgestimmt auf ihren professionellen Bedarf und ihre speziellen Anforderungen. Dabei setzt das Unternehmen ebenso auf die **traditionelle** Manufaktur-Fertigung wie auf die Präzision intelligenter Maschinentechnologie. Mit rund 135 Mitarbeitern entstehen in Bevergern jährlich etwa 150.000 Koffer, Tendenz steigend. Dabei liegt der

Exportanteil bei 20 Prozent. Bis auf ein kleines Standardsortiment erfolgen 95 Prozent der Fertigung **auftragsbezogen.**

Die Manufaktur sieht sich als „Produktaufwerter", der das Erzeugnis seiner Kunden durch eine anspruchsvolle Verpackung noch **veredelt.** Ob Messgeräte- oder Medizintechnik, Dental- oder Hörgerätetechnik: Die Spezialkoffer dienen der edlen und professionellen Produkt-Präsentation, dem sicheren Transport oder anderen Verwendungszwecken. „Wie kein anderer Hersteller bieten wir eine Vielzahl an Koffertypen aus unterschiedlichsten hochwertigen Materialien bis hin zum individuell gestalteten Schalenkoffer aus Kunststoff", so Wriedt.

Ein engmaschiges Vertriebs- und Servicenetz sorge weltweit für schnelle und umfassende Betreuung. Dazu gehöre nicht nur die intensive **Beratung** beim Kunden, sondern auch der ständige Dialog während der gesamten Entwicklungsphase des erwünschten Koffers. „Nach den ersten Skizzen und Materialvorschlägen werden unsere Entwickler kreativ. Bis zum Beginn der Serienproduktion erfolgt nichts ohne Abstimmung mit dem Kunden", erklärt der Firmenchef. Nach Abschluss der Planung fertigt bwh für jeden Koffertyp ein detailgetreues **Musterexemplar.** Erst wenn der Kunde es freigegeben hat, startet die Serienproduktion. „Ein besonderer Vorteil ist unser hauseigener Modellbau. Dadurch lassen sich auch maßgeschneiderte Schalenkoffer schon ab einer Serienproduktion von nur 100 Stück wirtschaftlich realisieren", erläutert Wriedt.

Nicht nur bei der Entwicklung eines individuellen Koffers stelle bwh seine Innovationskraft unter Beweis. So würden zum Beispiel zahlreiche Maschinen zur Umsetzung spezieller Kundenwünsche nach den technischen Anforderungen der Fertigungsabteilung inhouse von Ingenieuren entwickelt und gebaut. „Das garantiert einen optimalen Produktionsablauf, eine komplette firmeninterne Fertigung, eine hohe **Produktivität** und die Möglichkeit, allen Kunden auch die ausgefallensten Wünsche zu erfüllen", freut sich der bwh-Eigner.

In seinem Unternehmen entstanden in den vergangenen Jahrzehnten zahlreiche praxiserprobte und handwerklich perfektionierte Ausstattungsvarianten. Sie sind so vielfältig, dass kaum ein Koffer dem anderen gleicht. So steht zum Beispiel für die

INFO
bwh Spezialkoffer GmbH
Saltenwiesestiege 54
48477 Hörstel-Bevergern
www.bwh-koffer.de

Inneneinrichtung eine Hochleistungs-Schaumstoffbearbeitung zur Verfügung. Zu den Entwicklungen der bwh-Experten gehören zudem besondere **Beschläge** wie Griffe und Scharniere, die in ihrer ergonomischen Form den jeweiligen Koffertypen angepasst werden.

Ein Blick in die Fertigung macht deutlich, wie aufwendig die Herstellung derartiger Spezialkoffer ist. Da wird von den Mitarbeitern in mühevoller Handarbeit gebohrt und gepresst, geschnitten und montiert. Addiert man die einzelnen **Arbeitsschritte,** so ergibt sich eine Produktionsdauer von rund zwei Wochen. „Das bisher aufwendigste Exemplar hat unglaubliche 147 verschiedene Arbeitsschritte erforderlich gemacht. Je nach Koffer liegt der Schnitt bei etwa 25", verrät Wriedt, in dessen Archiv sich rund 2300 verschiedene Muster aus den vergangenen Jahren wiederfinden.

Mitunter komme es vor, dass für einen Kunden ein einzelner Spezialkoffer gefertigt wird. Je nach Ausfertigung könne die Erfüllung dieses Wunsches einige Tausend Euro kosten. „Die durchschnittliche **Losgröße** je Auftrag beträgt rund 50 Koffer, die alle individuell auf Kundenwunsch gefertigt werden. Natürlich produzieren wir auch Seriengrößen von mehreren Hundert Stück", klärt Wriedt auf. Er sieht sein Unternehmen nicht nur als familiengeführt, sondern auch insgesamt als Familie mit einer eigenen Kultur. So sei die Bindung der Mitarbeiter an die Firma sehr ausgeprägt. „Manche unserer Beschäftigten sind schon von Beginn an dabei", betont deren Arbeitgeber, der auch die **Ausbildung** junger Menschen fördert. Dies gilt nicht minder für den örtlichen Sportverein „FC Stella Bevergern 1911", dessen Fußballer in der Kreisliga mit dem bwh-Logo auf der Brust im „bwh-Stadion" um Punkte kämpfen. ■

die kompotterie

„Ein Lächeln ins Gesicht zaubern"

Seit 2015 werden hier ausgefallene Leckereien wie Curds, Chutneys und Fruchtaufstriche rein handwerklich und mit besten, ausschließlich natürlichen Zutaten eingekocht und in edler Goldoptik liebevoll dekoriert. „Mein Ziel ist es, die Gaumen meiner Kunden **neugierig** zu machen und ihnen mit meinen innovativen und auch für die vegane Ernährung geeigneten Genussferkeleien ein Lächeln ins Gesicht zu zaubern", formuliert Sylvia Maria Brielmaier.

Ist das nicht richtig lecker?" Sylvia Maria Brielmaier beobachtet sehr genau die Gesichtszüge ihres Gastes, nachdem sie ihm ein von ihr frisch gebackenes Brot mit einem cremigen Zitrus-Mandel-Aufstrich, einer Art veganem „lemon curd", gereicht hatte. Es dauert zwei, drei Sekunden, ehe sie als Antwort ein klares „Ja" hört. In einem ehemaligen Gesindehaus der Burg Kallmuth am Rande des Eifelstädtchens Mechernich unterhält die gebürtige Schwäbin „die kompotterie", die sie auch gerne als „Manufaktur für Feines im Glas" bezeichnet.

Nach ihrem Studium der Psychologie wollte die Ravensburgerin in den schulpsychologischen Dienst wechseln. Diesen Plan durchquerte jedoch ein Freund, der just zu dieser Zeit eine Versicherungsmakler-Agentur in Erftstadt gründete und ein **Organisationstalent** suchte. „Nachdem ich ihm zugesagt hatte, habe ich immer mehr Feuer für das Thema private Krankenversicherung gefangen. Ich habe dann auch noch zusätzliche Ausbildungen absolviert und später als Maklerbetreuerin für eine große Versicherungsgesellschaft gearbeitet", blickt Sylvia Maria Brielmaier zurück.

Doch irgendwann fragte sie sich, ob diese Tätigkeit eine Erfüllung fürs Leben sein könne. Als 2008 ihr Vater und Anfang 2009 eine gute Freundin in ihrem Alter starben, wurde ihr bewusster denn je, dass beide zu Lebzeiten gerne noch etwas anderes gemacht, aber die Zeit dazu nicht genutzt hätten. In diesem Zusammenhang zitiert sie den Titel eines ihr geschenkten Buches: „Ich könnte alles tun, wenn ich nur wüsste, was ich will." 2013 wusste sie es. Nachdem sie einige Jahre zuvor in das idyllische Burggebäude gezogen war, konkretisierte sich immer mehr die Überlegung, sich selbstständig zu machen. Die Leidenschaft fürs **Einkochen**

habe sie von ihrem Vater, einem passionierten Beerensammler und Marmeladenkocher. „Früher habe ich mich immer gefragt, warum ich das nicht den ganzen Tag machen kann. Doch dann hat sich immer ein Teufelchen auf meine Schulter gesetzt und mir zu verstehen gegeben, dass ich vom Marmelädchen-Kochen doch nicht leben könnte", erinnert sich Sylvia Maria Brielmaier an die Warnungen von einst.

Diese warf sie nun über Bord, nachdem sie so viel angespart hatte, dass sie davon gut und gerne zwei Jahre leben konnte. Sie besuchte Existenzgründungsseminare, machte eine „Ausbildung zur Unternehmerin" bei einer Frauen-Unternehmensberatung, begab sich in ein berufsbezogenes Coaching, probierte **Rezepturen** aus und setzte dabei auf alles andere als auf klassische Marmeladen: „Ich bin ein Luxusmädchen und wollte nur Produkte herstellen, die sonst keiner anbot!" Ihre erste Kreation? Gelees, bei denen essbares **Blattgold** für eine edle Note sorgt. „Die gab es noch nicht, zumal das Lebensmittelrecht nicht vorsieht, dass Gold in Gelees verarbeitet wird. Dagegen sind Goldflocken im Likör gestattet, und den wiederum darf man in Gelees verwenden", so die Experimentierfreudige, deren Geschäftsidee konkrete Züge annahm.

INFO
die kompotterie
Quellenstraße 2
53894 Mechernich
www.die-kompotterie.de

Es folgte die Kontaktaufnahme mit einem Lebensmittelkontrolleur, um die Voraussetzungen für eine gewerbliche Produktion zu klären. Seine erste Reaktion: „Das geht überhaupt nicht!" Doch die Existenzgründerin ließ nicht locker, baute eine gewerbliche Küche ein, sorgte für Brandschutztür und separaten Wohnungseingang, erfüllte mit hohem Aufwand alle erforderlichen Voraussetzungen, bis der Kontrolleur grünes Licht für die Herstellung gelber Curds oder roter Fruchtaufstriche gab.

2014 dann das Jahr der Vorbereitungen. Ob Marketing oder Vertrieb, Logo oder Onlineshop – eine Vielzahl von Aufgaben galt es zu erledigen, ehe sie in ihrer Küche mit immer neuen **Kreationen** experimentierte. Rund 40 Produkte zählt mittlerweile ihr Angebot, von Curds aus Himbeer/Limette/Cashew und Mango/Sanddorn/Kokos über Chutneys aus Safran/Schalotten/Birne und Banane/Chili bis hin zu Fruchtaufstrichen aus Erdbeer/Holunderblüte und Sauerkirsche/Schlehe. Die Spezialität der kompotterie sind aber die inzwischen in mehr als 15 Varianten

angebotenen veganen lemon curds. „Renner ist das Zitrone-weiße Mandel-Curd. Ich finde natürlich auch die Exoten unter den Curds richtig lecker und bilde mir immer ein, dass alle anderen doch auch so empfinden müssten", schmunzelt die Köchin. Die meisten Rohstoffe beziehe sie in **Bio-Qualität** über einen befreundeten Naturkostladen in Mechernich, während sie Quitten, Äpfel, Pflaumen und Beeren je nach Saison in ihrem Burggarten erntet.

Die Ergebnisse aus der zwölf Quadratmeter zählenden Küche, die sie in schmucke und mit goldenem Logo etikettierte Gläser abfüllt, vertreibt die Jungunternehmerin auf Kunsthandwerker- und Genussmärkten vornehmlich im Raum Köln/Düsseldorf/Eifel, in ausgesuchten Fachgeschäften sowie über ihren Onlineshop. Ihr Ziel? „Nein, so richtig wachsen und Verantwortung für Mitarbeiter übernehmen möchte ich nicht. Am liebsten würde ich aus der Manufaktur ein kleines **Familienunternehmen** machen, zumal ich eine sehr interessierte Nichte habe." Die Freude an der Arbeit müsse stets im Vordergrund stehen, „sonst wird das nix".

Sie genieße es, alles selbst entscheiden zu können, was jedoch Fluch und Segen zugleich sei. So trage sie auch für alles, was schiefgeht, die Verantwortung. „Doch das hat sich bislang zum Glück im Rahmen gehalten. Ich lebe gut, brauche allerdings auch nicht viel, um zufrieden zu sein. Aber um richtig gut existieren zu können, muss noch etwas mehr passieren", gesteht die **„Burgfrau".** So wird es wohl noch ein wenig dauern, bis die Aufschrift auf einem Keramiktopf in ihrer privaten Küche auch auf sie zutrifft: „Future Millionaire". ◼

22

Papierfabrik Zerkall Renker & Söhne

Echte Bütten zum Drucken und Schreiben

1903 erwarb der damals 55 Jahre alte Gustav Renker die Mühle, der auf eine vielfältige Berufserfahrung zurückblicken konnte. Als Schweizer Bauingenieur war er einige Jahre lang für verschiedene Sektionen beim Bau des **Gotthardtunnels** verantwortlich, ehe er 1876 die ersten großen Erschließungen in den Revieren der Ruhrkohle leitete. Nach 22 Jahren in verantwortlicher Position im Bereich der Dürener Feinpapierindustrie wagte er die neue Herausforderung in Zerkall, wo er Fertigungsanlagen auf- und ausbaute und den wachsenden Maschinenpark auf Schreib- und Druckpapiere im Bereich echter **Büttenpapiere** ausrichtete. Ab 1910 trat die Papierfabrik Zerkall dann mit ersten Kollektionen von „Rheinischem Büttenrandpapier" auf dem deutschen Markt auf.

> Zerkall, ein Ortsteil der Gemeinde Hürtgenwald im Kreis Düren. In dem rund 200 Einwohner zählenden Dorf, wo die Kall aus den waldreichen Hängen des Hürtgenwalds in die Rur fließt, steht das historische Gemäuer der Papierfabrik Zerkall Renker & Söhne. Auf diesem Grund und Boden wurde erstmals im Jahre 1512 eine wassergetriebene Mühle amtlich erwähnt, in der 1887 eine Herstellung für Pappen eingerichtet wurde. Heute zählt die Papierfabrik Zerkall zu dem kleinen Kreis international renommierter Anbieter echter Büttenpapiere.

In der entbehrungsreichen Zeit des Ersten Weltkrieges konnte dann fast nur Kartuschpappe aus Altpapier erzeugt werden, was zu einem erheblichen Verzehr der Finanzmittel führte. Von 1920 an war die junge Fabrik technisch in der Lage, ein vielfältiges und flexibles Programm von echten Büttenpapieren anzubieten, das mit der ausländischen Konkurrenz mithalten konnte und sogar erste Exporte in die USA ermöglichte. Die Söhne von Gustav Renker erkannten bald, dass ein gefragtes Sortiment von Schreib- und Druckpapieren nur dann erfolgreich auf die Märkte gebracht werden konnte, wenn man ihm ein einheitliches **Markenzeichen** verlieh. Daher wurde 1920 entschieden, den Fabrikationsort als einheitliche Markenbezeichnung zu verwenden. So entstanden bereits vor nahezu 100 Jahren die Marken Zerkall-Bütten und Zerkall, die seitdem in mehr als 20 Staaten als geschütztes Warenzeichen für echtes Büttenpapier aus dem

Kalltal auf den **Weltmärkten** der Feinpapiere zu finden sind.

Heute wird das Familienunternehmen von Felix Renker und Stefan Renker in der vierten Generation geleitet. Es ist eines von nur noch zwei Herstellern in Deutschland, die echte Büttenpapiere mit dem **Rundsieb** produzieren. Ihre Hauptrohstoffe sind Zellstoff und Hadern, also unverholzte Faserstoffe wie beispielsweise Baumwolle oder Leinen. Für Zerkall-Bütten werden sowohl kurze Baumwollfasern als auch recycelte Textilien verwendet. Der Zellstoff wird in einem großen Rührbottich („Pulper") unter Beigabe von Wasser aufgelöst, sodass ein Faserbrei entsteht. Im sogenannten „Holländer", einem im 17. Jahrhundert von holländischen Papiermachern erfundenen **Mahlgerät**, werden die Hadern aufgelöst, gekürzt und mit Wasser ebenfalls zu einem Brei verarbeitet.

Zellstoff- und Baumwollbrei werden dann in die Bütte geleitet, wo ein **Rundsiebzylinder** rotiert. An diesem lagern sich die Fasern beim Durchfließen des Wassers gleichmäßig ab. Eine mit Filz bespannte Walze nimmt dem Sieb das frisch geschöpfte Papier ab und befördert es zu den nächsten Stationen, wo es entwässert und getrocknet wird. Am Ende des Prozesses verlassen einzelne Büttenpapier-Bogen mit echten Büttenrändern die Papiermaschine. In den **Feuchträumen** wird das Papier zum Nachfeuchten aufgehängt, damit es anschließend im Kalander, einem System aus mehreren aufeinander angeordneten Walzen, geglättet werden kann. „Die Herstellung echter Büttenpapiere dauert vom Auflösen und Zerkleinern der Fasern über das Schöpfen bis zum Nachfeuchten und Glätten durchschnittlich drei bis vier Wochen", so Felix Renker.

Nach der Produktion wird das Papier zum Teil zu Karten, Briefbögen und -hüllen weiterverarbeitet. „Wir sind der einzige Hersteller, der echtes Büttenpapier nicht nur für Grafik und Kunstdruck anbietet, sondern auch für das Schreibwarensortiment und für Traueranzeigen", betont Renker. Im Bereich der Originalgrafik sei Zerkall-Bütten seit Jahrzehnten als zuverlässiger **Druckträger** anerkannt. „Auf unseren Papieren haben Druckgrafiken zum Beispiel von Max Ernst, Georg Baselitz und Horst Janssen ihren Platz in Sammlungen und Museen vieler Länder gefunden", so der Papierexperte. Im Gegensatz zum Kunstmarkt seien Büttenpapiere für Designer oder Agenturen zwar kein un-

INFO
Papierfabrik Zerkall Renker &
Söhne GmbH & Co. KG
Gustav-Renker-Straße 5
52393 Hürtgenwald-Zerkall
www.zerkall.com

bedingtes Muss, würden aber immer wieder zur Betonung der Stofflichkeit eines Druckobjekts eingesetzt, sei es bei **Geschäftsausstattungen** oder Jahresberichten. Bei der Buchherstellung kämen Zerkall-Bütten vor allem für den Text und den Umschlag zum Einsatz.

Das Eifel-Unternehmen, das rund 30 Mitarbeiter beschäftigt, entwickelt seine Produkte ständig weiter und geht dabei auch auf spezielle Wünsche seiner Kunden ein. Der **Qualitätsanspruch** in der „grünen Fabrik", die ihren benötigten Strom zum Teil selbst erzeugt, ist hoch. „Während der Herstellung nehmen wir im Halbstunden-Takt Muster zur Kontrolle. Und auch nach Fertigstellung durchlaufen die Bogen nochmals eine genaue Inspektion", versichert der Geschäftsführende Gesellschafter, der mit weiteren Familienangehörigen die Anteile an dem Unternehmen mit einer **Jahresproduktion** von rund 600 Tonnen hält.

Während die Künstlerpapiere zu mehr als 50 Prozent in alle Welt exportiert werden, finden die Schreibpapiere ihre Abnehmer zumeist in deutschsprachigen Ländern und in England. Gesichert ist, dass Zerkall-Bütten auch einen Platz in der **Geschichte** Deutschlands gefunden haben. So wurden zahlreiche Staatsverträge wie der Einigungsvertrag mit der DDR aus dem Jahre 1990 ebenso auf dem hochwertigen Büttenpapier aus Zerkall unterschrieben wie der deutsch-französische Freundschaftsvertrag oder sogar das **Grundgesetz,** dessen Originalexemplar im Panzerschrank des Bundestagspräsidenten liegt und nur zu ganz seltenen Anlässen genutzt wird. ■

Werkladen Conzen Kunst Service

Damit der Rahmen stimmt

Die Firmengeschichte von Conzen beginnt 1854 mit der Gründung einer „Spiegel- und Gemälderahmenfabrik" durch Friedrich Gottlieb Conzen, eine Zeit, in der die berühmte Düsseldorfer Malerschule ihre Glanzzeit feierte. Die Hochschule bildete damals auch Kunsthandwerker aus, unter ihnen Friedrich Gottlieb Conzen. „Er rahmte die Gemälde der weltweit renommierten Künstler und verband Handwerk und Kunst zu einer Einheit. Ohne die **Kunstakademie** wäre das Unternehmen nicht entstanden. Die Verbindung zu ihr ist für uns bis heute eine Quelle der Inspiration geblieben", betont Friedrich Georg Conzen jun., der die Firma in der fünften Generation führt.

Kunst ist schön, macht aber viel Arbeit." Worte von Karl Valentin, über die sich die Geschäftsleitung der Werkladen Conzen Kunst Service GmbH freut, weil sie dem Unternehmen seit Beginn an seinen Sinn verleiht. Mit rund 80 Mitarbeitern kümmert sich der traditionsreiche Düsseldorfer Familienbetrieb darum, dass Kunstwerke und andere Bilder sowie Objekte gut gerahmt, präsentiert, restauriert oder auch reproduziert werden.

Auch wenn das heutige Unternehmen durch die Fusion mit anderen Firmen aus der Branche zu einem kompletten Dienstleister auf dem Gebiet der Kunst geworden ist, so bilden die Herstellung und der Handel mit Bilderrahmen nach wie vor den Kern des Geschäfts. „Die **Vielfalt** unserer Bilderrahmen ist so breit wie das Spektrum der uns anvertrauten Bilder und Kunstwerke", betont Conzen jun. Ob bei einem gotischen Tafelgemälde oder bei zeitgenössischer Fotografie, ob bei einem millionenschweren Kunstwerk oder bei einer einfachen Postkarte mit Erinnerungswert – zur Philosophie des Unternehmens gehöre es, dass der Rahmen nicht in optische Konkurrenz zu dem zu verarbeitenden Bild oder Gegenstand tritt. Deshalb biete es seinen Kunden ein breites Spektrum von der schlichten Naturholzleiste bis zum stark verzierten und vergoldeten Barockrahmen an.

In seiner offenen Rahmen-Manufaktur im Düsseldorfer Stadtteil Flingern ermöglicht Conzen professionellen Sammlern und Kunsthändlern ebenso wie Privatkunden die Möglichkeit, den

Einrahmern und **Vergoldern** bei ihrer Arbeit über die Schulter zu schauen. Hier werden fast die gleichen Materialien und Werkzeuge verwendet, wie sie schon seit dem Mittelalter in Gebrauch sind. Und genauso wie damals sind Geduld und Geschicklichkeit für den Vergolder zur Ausübung seines Berufs unverzichtbar.

Es bedarf zahlreicher aufwendiger Arbeitsschritte, um aus rohen, profilierten Holzleisten einen vergoldeten Rahmen entstehen zu lassen. Die auf Gehrung geschnittene und mit Holzleim zusammengesetzte Leiste wird anschließend mit einem Gemisch aus Glutinleim, Wasser und Kreide überzogen. Damit der Kreidegrund streichfähig bleibt, muss er in einem **Wasserbad** warm gehalten werden. „Je nach Stärke des Kreidegrunds sind acht bis zwölf Aufträge nötig. Jede Schicht sollte bei entsprechender Luftfeuchtigkeit aufgebracht werden und gut durchtrocknen, um Rissbildung zu vermeiden. Danach wird der Grund mit Schleifpapier glatt geschliffen", schildert Conzen jun. die ersten Schritte.

INFO

**Werkladen Conzen
Kunst Service GmbH
Fichtenstraße 56
40233 Düsseldorf**
www.conzen.de

Auf diesen Grund wird der Träger des Blattgolds, das Poliment, aufgetragen. Es besteht aus Glutinleim, Wasser und Bolus, einer speziellen Tonart. Danach folgt das „Anschießen", das heißt das Auflegen des Blattgolds. Dazu wird die polimentierte Fläche mit Wasser, dem etwas Spiritus zugefügt wurde, benetzt und das **Blattgold** mithilfe eines Pinsels auf die noch nasse Fläche gelegt. Nach der Trocknung wird das Blattgold mit einem Achatstein auf Hochglanz poliert. Um den Untergrund sichtbar zu machen, wird das Gold mit Bimsmehl und Spiritus durchgerieben. Die danach noch anfallenden Arbeiten sind je nach Ausführung des Rahmens unterschiedlich. Zum Abschluss werden die Rahmen getönt und nach gewünschtem Aussehen farblich gefasst.

„Wir verfügen über rund 2000 Verzierungswalzen, von denen einige mehr als 100 Jahre alt und immer noch in Gebrauch sind. Mit diesen Walzen werden Bandverzierungen für Bilderrahmen ausgedrückt, die vor dem Grundieren aufgebracht werden. Die Masse wird nach einem alten Rezept aus Glutinleim, Leinöl, Kreide und Kolophonium, einem aus Baumharz gewonnenen Produkt, hergestellt", erklärt Conzen jun.

Ob Naturholz- oder Vergolderrahmen, ob Edition- oder Leistenrahmen: Wenn es um das Einrahmen von Bildern und

Kunstwerken geht, „ist die qualifizierte Beratung durch unser kunstgeschichtlich und handwerklich geschultes Personal unser absolutes Credo", betont der Vertreter der fünften Generation. „Professionell ausgebildete Einrahmer und Buchbinder wissen um das Zusammenspiel der unterschiedlichen Materialien und deren konservatorischer Eigenschaften und fertigen die Einrahmung mit ihrer langjährigen Erfahrung sorgfältig an. Mehr qualifizierte **Einrahmungsberater** findet man in keinem anderen Betrieb in Europa", ergänzt er. Eine gute Rahmung erkenne man leider nicht auf den ersten Blick. Die Qualität der Materialien ließe sich nur zum Teil mit dem bloßen Auge ausmachen.

Restaurierung und Konservierung, Digitaldruck und Kaschierungen, Kunstpräsentationen und Sammlungsverwaltungen, Kunsttransporte und Montagen – die Mitte der 2010er-Jahre erfolgte Fusion mit mehreren bekannten Betrieben in Düsseldorf, Köln und Neuss hat den mittlerweile unter Werkladen Conzen Kunst Service GmbH firmierenden Einrahmungsbetrieb zu einem Unternehmen mit einem umfassenden Angebot für die Bilderrahmen-, Einrahmungs- und Kunstbranche werden lassen. Ergänzt werden die Aktivitäten durch ein Fachgeschäft im Herzen von Düsseldorf, das federführend von Cecilie Kaimer-Conzen betreut wird, einer Schwester von Friedrich Georg Conzen jun. Hier finden auch regelmäßig Ausstellungen statt.

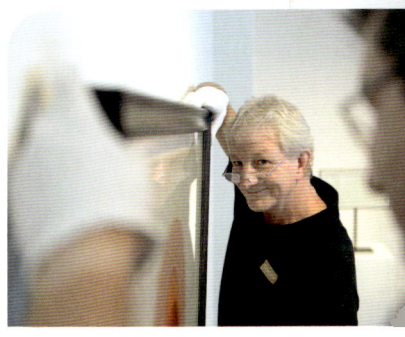

„Langweilig wird es bei uns nie, es gibt ständig etwas Neues", sagt Conzen jun. Dazu zählen auch nicht alltägliche Aufträge: „Wir haben mal an einem Tag zehn **Picassos** auf Wunsch des Kunden bei ihm vor Ort in Köln gerahmt, in einem kleinen Vorraum unter arbeitstechnisch unsäglichen Verhältnissen, doch wir haben es geschafft!"

Aug. Krämer Kornbrennerei

„Keiner kann den festen Glauben ..."

„Beim Umgang mit geistigen Getränken braucht man mehr als Rechenkünste, bauchige Flaschen oder blau-schwarze Krammetsbeeren. Unsere Branche erfordert des ganzen Menschen Fleiß und Ausdauer, Lauterkeit und Redlichkeit und vor allem jenen Reichtum an Ideen, wie er schöpferischen Kräften eigen sein muss." Mit

Das Auge klar, das Herz hell, hier stehst Du an der Krämer-Quell." Mit diesen Worten begrüßt die älteste Likörfabrik in Dortmund ihre Kunden und Besucher in den schmucken Räumen am Schwanenwall. Dieser Familienbetrieb, der zu den traditionsreichsten Unternehmen in der Westfalen-Metropole zählt, wird heute von der vierten und auch schon fünften Generation geführt.

diesen lobenswerten Eigenschaften und **Unternehmensgeist** wanderte Firmengründer August Krämer im Jahre 1850 vom Siegerländer Hof Stöcken in die alte, wieder aufstrebende Hansestadt Dortmund. Nach einer kaufmännischen Lehre entschied er sich für den Verbleib im Westfalenland, um hier einen feinen und zugleich wirkungsvollen **Kräuterlikör** herzustellen. Mit 3000 goldenen Talern, die sein Bruder ihm lieh, legte August Krämer 1863 den Grundstein zu seiner Likörfabrik.

„Besseres zu machen und das Beste zu bieten" lautete vom ersten Tag an sein Grundrezept, das erfolgreich war: Das Geschäft florierte. So gründete der agile Unternehmer zusätzlich eine Wacholder-Brennerei und produzierte darüber hinaus Weinbrand und Essig. Da die Nachfrage nach Spirituosen ständig stieg, entschloss sich August Krämer 1906 zur Errichtung einer **Kornbrennerei** am Dortmund-Ems-Kanal. Hier wurde aus Getreide der Grundstoff für die Spirituosenherstellung gewonnen – reiner Kornfeinbrand.

Nach dem Tod des Gründers führten dessen drei Söhne das Unternehmen im Sinne ihres Vaters fort. Während des Zweiten Weltkrieges gelang es der dritten Generation mit August Karl und Hermann Krämer, die Firma zu erhalten, da Spirituosen als „kriegswichtiges Gut" eingestuft wurden. Doch in den letzten Kriegsmonaten wurden Likörfabrik und Brennerei bis auf die Grundmauern zerstört.

Wie einst der Gründer standen jetzt die beiden Enkel vor einem **Neuanfang.** Erst bauten sie die Brennerei auf und danach die Likörfabrik am Schwanenwall, die 1957 wiedereröffnet wurde. Hans-Hermann Krämer, der nach dem Tod seines Vaters 1971 in das Familienunternehmen eintrat und in vierter Generation die Geschäfte führt, erinnert sich an vergangene Zeiten: „Mein Vater verkaufte damals zum überwiegenden Teil an die Gastronomie. Zu dieser Zeit wurde in den Gaststätten noch jede Menge Korn, Wacholder und Kräuterlikör ausgeschenkt."

In den 1970er-Jahren gab Hans-Hermann Krämer den Vertrieb an die Gastronomie zugunsten des Einzel- und Fachhandels auf, verkleinerte und modernisierte den Betrieb, baute aber die Brennerei aus und belieferte mit seinem **Kornbrand** auch andere Hersteller von Spirituosen. 1992 kam der „Dortmunder Korn"

INFO
Aug. Krämer
Kornbrennerei GmbH
Schwanenwall 31-35
44135 Dortmund
www.august-kraemer.de

auf den Markt. „Das selbst gebrannte, reine Weizenfeindestillat mit 96,5 Prozent Alkohol lagert als Weizenkorn mit 36,2 Prozent Alkohol in mehr als 70 Jahre alten französischen Eichenholzfässern. Die einjährige Reifedauer unterstützt den charakteristischen Geschmack dieses Korns", betont Hans-Hermann Krämer. Nachdem 2004 das **Branntweinmonopol** ausgelaufen war, trennte er sich von der Brennerei. „Hier lagern aber noch Tausende Liter unseres Destillats für den Dortmunder Korn", beruhigt der Destillateur und Brenner-Meister.

Rund zehn Produkte sind es, die heute in der Dortmunder Manufaktur nach traditionellem Verfahren hergestellt werden. Die älteste Rezeptur der Familie Krämer ist dem 38-prozentigen Kräuterlikör „August mit dem Schlips" vorbehalten. „Er wurde ursprünglich als ‚Krämer Medizinal Bitter' vor allem in Apotheken und Drogerien verkauft. Jede Flasche trug eine Rezeptfahne mit einer **Dosieranleitung,** nach der alle zwei Stunden ein Esslöffel voll zu nehmen sei", so Hans-Hermann Krämer. Um 1960 sei dann der vielfach geäußerte Kundenwunsch erhört und der Magenlikör in „August mit dem Schlips" umbenannt worden. „Keiner kann den festen Glauben an August mit dem Schlips mir rauben", heißt es seither in der Anhängerschaft dieses Tropfens.

Auch heute noch entstehen die Erzeugnisse der Likörfabrik traditionell in reiner Handarbeit. „Vom Destillieren, Extrahieren, Abschmecken und Ausmischen bis hin zur Abfüllung und Etikettierung geht jeder einzelne Liter und jede einzelne Flasche durch unsere Hände", betont Felix Krämer, der nach dem Studium der theoretischen Festkörperphysik den Gesellenbrief als **Destillateur** erwarb und seit einigen Jahren die fünfte Generation im Unternehmen repräsentiert. Die Destillate und Kräuterextrakte werden zum Teil nach über 150 Jahren alten Verfahren hergestellt. Dazu werden getrocknete Kräuter und Fruchtschalen in streng zertifizierter Apothekerqualität verwendet. Auf die Zugabe von fertigen oder synthetischen Aromen und Essenzen wird bewusst verzichtet.

Anlässlich ihres 150-jährigen Bestehens investierten die Krämers in einen **Jubiläums-Gin.** „Wacholder und Gin haben wir immer schon hergestellt, beide sind bis auf die Kräuterdestillate sehr ähnlich. Mit unserem neu kreierten, milden Gin sprechen wir überwiegend junge Kunden an, die das Besondere suchen", erläutert der Junior-Chef.

Seit 2004 mischt auch seine Mutter Carmen tatkräftig im Unternehmen mit, das rund zehn Mitarbeiter beschäftigt: Im Zuge der Restaurierung der alten Lagerräume am Schwanenwall richtete sie dort eine **Schokolaterie** ein, wo sie seither in reiner Handarbeit Pralinen herstellt, darunter auch den Zartbittertrüffel „Dortmunder Kohle". Dessen Füllung erhält durch den Likör „August mit dem Schlips" seinen besonderen Geschmack.

Ob bei der Herstellung des „Dortmunder Tropfen", des „Dortmunder Korn", des **„Liebestrank"** oder der „Dortmunder Kohle" – die Familie Krämer lädt Interessenten gerne dazu ein, bei der Herstellung zuzusehen und die vielen Gerüche und Eindrücke zu genießen. Dann dürfen auch sie den mehr als 150 Jahre alten Wunsch äußern: „Giv me eenen von August sinen, aber den mit dem Schlips!" ■

Einstein Audio Components

„Geniales und Einzigartiges"

Schon in jungen Jahren griff der passionierte Musiker zur Gitarre und begann wenig später, in seinem Zimmer Lautsprecher zu bauen. „Das Ergebnis waren zwei Lautsprecher-Hörner, die so groß waren, dass ich nur noch über den Tisch ins Bett gelangen konnte", erinnert sich der Tüftler an seine ersten Konstruktionen.

Für Menschen, die mit allen Sinnen das Leben genießen, ist Musik unverzichtbar. Sie ermöglicht es, den Alltag hinter sich zu lassen, sich zu öffnen für alle anderen Genüsse. Musik kann fröhlich und glücklich machen, trösten, zum Träumen bringen. Auch Volker Bohlmeier hatte einst einen Traum – „die absolute und wirklichkeitsgetreue Wiedergabe von Musik als klangliches Erlebnis, das die Distanz von Hörer und Musik aufhebt". Mit den Audiokomponenten seiner Bochumer Manufaktur Einstein hat er diesen Traum Wirklichkeit werden lassen.

Auch als er Sport, Physik und Pädagogik studierte, um anschließend Lehrer werden zu wollen, betrieb er die **Audio-Bastelei** parallel weiter. Mit 28 Jahren ereilte ihn dann ein schwerer Sportunfall, der die Aufgabe des geplanten Berufszieles zur Folge hatte.

Der Zufall wollte es, dass er wenig später Rolf Weiler kennenlernte, „einen außergewöhnlichen Entwickler, einen begnadeten Hochfrequenztechniker, ein Genie der Schaltungen und Wiedergabetechniken", so Bohlmeier. Die beiden Musikfreaks fachsimpelten nicht nur über aktuelle Trends, sondern auch über die aus ihrer Sicht technisch unzureichenden Verstärker, die der Markt bot. „Gemeinsam sind wir dann angetreten, den besten Verstärker der Welt zu bauen", so der **Visionär.** 1988 gründete er die Manufaktur Einstein Audio. „Wir haben das Unternehmen nicht nur deshalb so genannt, weil Rolf Weiler dem Namensgeber ähnlich sieht, sondern weil wir zusammen Geniales und Einzigartiges schaffen wollten", betont Bohlmeier.

Nach dreijähriger Entwicklungszeit präsentierte Einstein 1990 mit dem Verstärker The Amp einen neuen Standard in der Audiowelt. Die innovative Schaltungstechnik und die außergewöhnlichen Klangeigenschaften dieses Vollverstärkers in Transistortechnik stießen weltweit bei Musikliebhabern und Fachleuten auf

ein großes Echo. The Amp erhielt zahlreiche Auszeichnungen der internationalen Hi-Fi-Branche und wurde außerdem mehrfach für sein puristisches Design prämiert. „Damit avancierte schon unsere erste Komponente, von der wir innerhalb der ersten fünf Jahre rund 2000 Exemplare verkauft haben, zum **Klassiker,** der sich konstant in den Bestenlisten führender Fachpublikationen hält", freut sich Bohlmeier noch heute. Die Tatsache, dass das damals 3500 DM teure Gerät heute noch gebraucht für rund 1000 Euro verkauft werde, unterstreiche die Wertbeständigkeit dieser Komponente.

Wenig später verfolgten Bohlmeier und Weiler ein nicht minder ehrgeiziges Ziel: Der Wunsch, den besten Vorverstärker der Welt zu konstruieren, geisterte schon lange in ihren Köpfen. Viele Ideen und Grundschaltungen waren über lange Zeit gereift. „Einige wesentliche Details ließen sich aber nur mit Röhren realisieren. Deshalb starteten wir 1998 eine neue Linie mit Röhren – in einer Zeit, in der immer weniger Röhren gefertigt wurden, mutet das seltsam an. Es ging aber nicht darum, einen Röhrenverstärker um der Röhren willen zu bauen, sondern einzig darum, bestimmte Eigenschaften zu perfektionieren", erläutert der Einstein-Chef. Damit seien geniale **Schaltungsdetails** gelungen, die zu dem fulminanten Erfolg des Vorverstärkers The Tube geführt hätten.

Es folgten viele Meilensteine, die Einstein zu der weltweit bekannten Audiomanufaktur machten. Die wirklichkeitsnahe Wiedergabe und das klangliche Erlebnis besitzen für die Entwickler absolute Priorität. Alle Komponenten verfolgen dasselbe Ziel: die Musik aus dem Konzertsaal oder dem Aufnahmestudio ohne Verluste wiederzugeben. „Sie sind in der Lage, die Räume in ihrer Originalgröße abzubilden, können auch die schnellsten Läufe in jeder Frequenz zeitgenau wiedergeben und die **Klangfarben** von Stimmen und Instrumenten ohne jegliche Verfärbung behalten", formuliert Bohlmeier.

Die Eleganz der technischen Lösungen, die von den USA über Japan und Dubai bis nach Australien höchste Anerkennung in der Fachwelt finden, zeigt sich auch in der äußeren Gestaltung der Geräte. „Menschen aus aller Welt mit den unterschiedlichsten Vorstellungen begeistern sich für die optische Erscheinung

INFO
Einstein Audio
Components GmbH
Prinz-Regent-Straße 50–60
44795 Bochum
www.einstein-audio.de

106

unserer Produkte", sagt die diplomierte Innenarchitektin Annette Heiss, die für alle **ästhetischen** Entscheidungen bei Einstein zuständig ist und gemeinsam mit ihrem Mann Volker Bohlmeier von Beginn an die Geschicke der Manufaktur leitet.

Sie und ihre fünf weiteren Mitarbeiter wissen, dass nur wenige Menschen die Individualität und Qualität der Einstein-Komponenten schätzen und darauf wirklich Wert legen. „Aber wir sind uns sicher, dass es genügend Menschen gibt, die genau solche Angebote suchen. Wer diese Lebenseinstellung und dieses Qualitätsbewussten hat, wird unsere Produkte nicht mehr vergessen, wenn er sie einmal gesehen und vor allem gehört hat", zeigt sich der Firmenchef überzeugt. Beginnt der Preis für einen Vollverstärker bei 7000 Euro, kostet die größte Anlage (ohne CD-Player und Plattenspieler) rund 150.000 Euro. „Nicht wenige Kunden entscheiden sich für die **Komplettlösung",** versichert Bohlmeier.

Rund zwei Dutzend unterschiedliche Komponenten hat Einstein in den vergangenen knapp drei Jahrzehnten auf den Markt gebracht. Für den Sommer 2018 steht ein weiteres Highlight auf der Agenda, ein Verstärker nur mit Röhren, der technisch nicht mehr zu toppen sein soll. Vier Jahre Entwicklungszeit und zwei fehlgeschlagene Prototypen liegen dann hinter dem teuersten Einzelgerät von Einstein, „von dem die Fachszene sich gar nicht vorstellen kann, dass so etwas realisierbar ist", betont Bohlmeier. Wenn er sich eine Neuentwicklung anhört und sich dann **Gänsehaut** einstellt, weiß er aus Erfahrung, dass er ganz nah an seinem Ziel ist: „Wir lieben Musik und wollen auch nach so vielen Jahren immer noch das Außergewöhnliche schaffen. Unser Drang nach dem Besten ist unverändert."

Ascot Karl Moese

„Offenes Hemd kann jeder"

Die Krawatte gilt als Visitenkarte des elegant gekleideten Mannes. Am Anfang ihrer Erfolgsgeschichte stand kein Geringerer als Sonnenkönig Ludwig XIV: Der Überlieferung zufolge soll er bei einer Parade anno 1663 sehr angetan von einem kroatischen Kavallerie-Regiment gewesen sein. Die Söldner vom Balkan ließen wohl die Enden eines geknoteten Halstuches auf ihre Brust fallen – und schon nahm die **„Croatta"** oder auch Krawatte ihren Lauf. Von Paris aus setzte sie zu ihrem Siegeszug in Europa an. Preußen-König Friedrich II. witterte die damals entstehenden Chancen: Er förderte mit Monopolen in Krefeld die Seidenweberei – so belieferte die „gut betuchte" Samt- und Seidenstadt fortan Kaiser, Könige und Kirchenfürsten.

Das Gebäude ist eher unscheinbar, das Viertel im Krefelder Stadtteil Inrath mit einem Möbel-Discounter und Fast-Food-Anbietern wenig spektakulär. Doch im Inneren der grauen Mauern präsentiert sich dem Besucher eine farbenfrohe und zugleich beeindruckende Vielfalt edler Seidenstoffe: Hier fertigt die Ascot Karl Moese GmbH als eine der letzten deutschen Krawatten-Manufakturen hochwertige Binder, aber auch Schals, Tücher und Westen.

Hier hat auch die Manufaktur Ascot ihren Sitz. Karl Moese gründete das Unternehmen im Jahre 1908 in der Absicht, seine Idee der **weltbesten** Krawattenherstellung in die Tat umzusetzen. Doch der wenig geschäftstüchtige Gründer wäre wohl gescheitert, wenn es nicht seine Frau geschafft hätte, „mit viel Geschick und Einsatz über zwei Weltkriege und eine Weltwirtschaftskrise hinweg die Firma wachsen zu lassen und währenddessen noch Obhut auf ihren Mann zu geben", wie es in der Geschichte des Unternehmens heißt. Von den drei Kindern des Gründers entwickelte besonders Sohn Erwin starkes Interesse an Krawatten. Er war es auch, der in den 1940er-Jahren auf einer Reise durch England das weltberühmte Pferderennen Ascot besuchte – und mit der Idee nach Hause zurückkehrte, dies als Markenzeichen eintragen zu lassen. Seither heißt die Firma **Ascot** Karl Moese.

Heute leitet mit Jan Moese und seiner Schwester Barbara Pauen die vierte Generation das Unternehmen – und das mit großem

Erfolg. „Auch wenn immer weniger Männer Krawatte tragen, so wird es immer mehr Personen geben, die Wert auf ein hochwertiges Produkt legen", betont Barbara Pauen. Hier setzt Ascot an. Anders als die meisten der einst 200 Krawatten-Produzenten in Krefeld hatte das Familienunternehmen darauf verzichtet, die Produktion in Billiglohnländer zu verlagern, und dafür auf Handarbeit made in Germany gesetzt.

Die Entstehung der Ascot-Krawatten nimmt ihren Anfang am Comer See oder in Krefeld um die Ecke in einer der letzten Webereien der **Seidenstadt.** „Dort finden wir die weltweit schönsten und qualitativ hochwertigsten Seidenstoffe", unterstreicht Moese. Die stärksten Partner für die Seidenstoffe seien nicht die großen Fabriken, sondern die kleinen Webereien und Druckereien, „wo der Mann am Webstuhl noch im täglichen Dialog mit dem Firmeninhaber steht und man neben dem Verkaufsraum die **Webstühle** laufen hört". Zusammen mit diesen Experten werden Muster und Farbvarianten unter Berücksichtigung der jeweils aktuellen Farbtendenzen ausgewählt. „Bei der kreativen Entwicklung der Kollektion hilft uns natürlich unsere mehr als hundertjährige Erfahrung, aber auch die tägliche Inspiration spielt eine wichtige Rolle", so Barbara Pauen.

INFO
Ascot Karl Moese GmbH
Hülser Straße 335
47803 Krefeld
www.ascot.de

Aus einem Quadratmeter Stoff entstehen in der großen Produktionshalle in Handarbeit vier Krawatten. Knapp 20 Arbeitsschritte sind für die Herstellung der hochwertigen Binder erforderlich. Dazu zählen u. a. der Zuschnitt, das Einbringen des Futters, das Vernähen und Bügeln. „Der **Handzuschnitt** des Seidenstoffes sowie aller verwendeten Einlagen und reinseidenen Futterstoffe erfolgt ausschließlich diagonal. Dabei kommt es nicht auf den letzten Zentimeter an. Vielmehr legen wir Wert darauf, durch einen großzügigen Zuschnitt die Schönheit und Langlebigkeit der Krawatte entscheidend zu beeinflussen", erläutert Moese.

So werde auch die Einlage aus einer speziellen Wollqualität in einem Stück ausgestanzt und nicht aus mehreren Teilen zusammengesetzt, um zusätzliche Nähte und damit ein „Auftragen" im Halsteil zu verhindern. „Unseren **Näherinnen** kann man in Sachen Krawattenkonfektion nichts vormachen. Viele von ihnen zählen schon lange Jahre zu unserem Team, denn die Handkonfektion ist nichts für Anfänger", unterstreicht Barbara Pauen.

Bei Ascot werden jedes Jahr zwei Kollektionen gefertigt – bis zu 100 Dessins in jeweils vier Farbvarianten. Eine Krawatte zu nähen dauert je nach Modell etwa 20 bis 40 Minuten. Ihr Ladenpreis liegt zwischen 39 und 90 Euro, spezielle Ausführungen bis zu 120 Euro. Verkauft werden die jährlich rund 100.000 Binder vor allem in Europa, aber auch in den USA, Australien und Japan, vornehmlich an Herrenausstatter und Bekleidungshäuser. „Da in Deutschland immer mehr **Fachgeschäfte** schließen, profitieren wir noch heute von unserer Entscheidung aus den 1980er-Jahren, auch auf den Export zu setzen", so Moese.

Eine weitere Spezialität des Krefelder Unternehmens ist die Herstellung von Strickkrawatten – „eine Kunst, die nur noch wenige Produzenten beherrschen", räumt Moese ein. So lässt etwa das Pariser Edelhaus **Hermès** bei Ascot sei-ne Strickkrawatten fertigen, die teilweise noch per Hand bestickt werden. Den Manufakturcharakter des Krefelder Unternehmens unterstreicht auch die Erfüllung von speziellen Kundenwünschen, die in Kleinstserien hergestellt werden.

Waren früher einmal mehr als 200 Mitarbeiter in der Krefelder Manufaktur beschäftigt, so sind es heute noch rund 40 Frauen und Männer, die hier vornehmlich das hochwertige Accessoire für die Herrenmode herstellen. Und von ehemals 15 Millionen Euro in Hochzeiten ist der Jahresumsatz auf etwa die Hälfte gesunken. „Aber man kann immer noch Geld verdienen", betont Barbara Pauen, die zuversichtlich nach vorne schaut. So hofft denn auch ihr Bruder, dass die Herrenwelt künftig mehr denn je seinem Appell folgt: „Tragt schöne Krawatten, **offenes** Hemd kann jeder!" ◼

Deumer

Schmuckstücke für den eleganten Herrn

Lüdenscheid liegt im Herzen einer Region, die auf 2000 Jahre Metallproduktion zurückblicken kann. Schon die ältesten Dokumente erzählen die Geschichte von Familienbetrieben, die ihr Können und Wissen von Generation zu Generation weitergegeben haben. Als ein Kind dieser Tradition erlernte auch Wilhelm Deumer das Handwerk der Metallverarbeitung. Nicht mehr **Ritterrüstungen,** Schilde oder Kettenhemden bestimmten die Nachfrage im 19. Jahrhundert, sondern Metallknöpfe – es war die Zeit der Firmen-, Parteien- und Vereinsgründungen. Deumer erkannte den wachsenden Markt für Medaillen und Mitgliedsabzeichen und gewann einen Partner, der in Paris eine bahnbrechende Technik des Vergoldens kennengelernt hatte. Daraufhin folgte 1863 die Gründung der ersten Fabrik für Abzeichen und Medaillen in Deutschland. Das uralte Können des Metallhandwerks der Region in der Verbindung mit neuesten Fertigungstechniken aus aller Welt wurde zum **Erfolgsgeheimnis** des Hauses Deumer.

Zeitlose und chice Manschettenknöpfe zählen zu den wenigen Schmuckstücken für den eleganten Herrn und seit einiger Zeit wieder als beliebtes Accessoire für die stilbewusste Frau. Das Lüdenscheider Unternehmen Deumer gilt als „die älteste und einzige Manufaktur in Deutschland", die sich seit mehr als 150 Jahren auf die Herstellung hochwertiger Knöpfe zum Schließen von Hemdenmanschetten spezialisiert hat.

Zu Beginn des 20. Jahrhunderts zählte das Unternehmen weit mehr als 200 Mitarbeiter. 1905 übernahm der Textilkaufmann Wilhelm Conze die Firma von Deumers Sohn Hugo. Auch er setzte auf Tradition und Innovation, modernisierte die Fertigung und die Fabrikgebäude, investierte in die erstklassige handwerkliche Ausbildung der Lehrlinge und schuf weitsichtig ein neues Tätigkeitsfeld: Schmuck-Accessoires für Herren. Die Mitarbeiter lernten das Setzen von Steinen, verfeinerten die Technik des **Emaillierens,** Polierens und Galvanisierens. „Es war sein Stolz, jedes Jahr eine feine Kollektion Manschettenknöpfe, Geldscheinklammern und Krawattennadeln herauszubringen, die sich an dem jeweils aktuellen Stil orientierte. In seinem Testament hinterließ er den

Auftrag an die kommenden Generationen, dies fortzuführen und zu vervollkommnen", betont Johan Conze, der gemeinsam mit seinem Bruder Friedrich Assmann das Familienunternehmen seit Anfang der 1990er-Jahre in der sechsten Generation leitet.

Eine Philosophie, die auch heute noch von der Manufaktur gelebt wird: „Unser Streben gilt der handwerklichen **Perfektion** und der Individualität des Trägers. Dies ist unser erfolgreiches Gegenkonzept zu einem zunehmend alles banalisierenden Massenkonsum und weltweiten Handel mit austauschbaren Artikeln unter dem ausschließlichen Diktat der Kosten, aktuellen Trends und Moden", formuliert Johan Conze.

Für die Anfertigung von Manschettenknöpfen bedarf es unterschiedlichster Handwerke, die auch heute noch nach mehr als 150 Jahren in den Werkstätten von Deumer unter einem Dach zusammenarbeiten. Die Produktion beginnt mit der Erstellung eines Prägewerkzeugs durch den **Graveur,** der Künstler und Handwerker zugleich ist. Er sticht das spätere Motiv in Stahl und legt so das **Fundament.** „Wir hatten immer wieder das Glück, Deutschlands beste Graveure ausbilden, beschäftigen oder mit ihnen arbeiten zu dürfen", freut sich der Firmenchef.

INFO
Deumer GmbH
Gartenstraße 5–9
58511 Lüdenscheid
www.deumer.de

Der Präger gibt dem Manschettenknopf seine Form und sein Motiv. Ist das Werkzeug gehärtet, wird aus Silber oder Gold ein Rohling in der jeweiligen Stärke zugeschnitten, einzeln und von Hand in eine Presse eingelegt und mit bis zu 800 Tonnen einmal oder mehrmals geprägt. Danach erhält das Werkstück seine endgültige Außenform.

Die Lüdenscheider Manufaktur gilt nach eigenen Angaben als die **einzige** in Deutschland, die noch die Kunst des Emaillierens in Serie beherrscht und anbietet. Bei der hier eingesetzten Technik wird das spätere Motiv in Form durch von Stegen getrennten Vertiefungen in Metall geprägt. Diese Vertiefungen werden dann mit einem in einer speziellen Flüssigkeit angesetzten Emaillepulver – für jede **Farbe** des Motivs jeweils getrennt – aufgefüllt, getrocknet, gebrannt, geschliffen, noch einmal gebrannt und schließlich poliert.

Beim anschließenden Löten werden Vorder- und Rückseite des Manschettenknopfs mittels eines Stegs verbunden. „Dabei kommt es auf das **Können** der Löter an. Wenn beim sogenannten Hartlöten die Farben verbrennen, sich im Abkühlprozess verstellen oder durch die Oberflächenspannung der unterschiedlichen Materialien reißen, war alle Arbeit vergebens, denn einen zweiten Versuch gibt es nicht", so Conze.

Beim nächsten Schritt, dem Polieren, wird geschliffen, mattiert und poliert. Dies geschieht auch heute noch von Hand auf dem Polierbock. Am Ende der Fertigungskette steht die Galvanik, wo jedes Werkstück seinen finalen Edelmetallüberzug für die Oberflächenfarbe erhält, sei es Nickel oder Silber, Rhodium oder Gold.

Heute entfällt bei Deumer etwa ein Drittel des Geschäfts auf Manschettenknöpfe, die bei **Herrenausstattern,** Maßschneidern

oder Department-Stores zumeist zwischen 280 und 450 Euro erhältlich sind. Ein weiteres Drittel der jährlichen Fertigung macht das Schützenwesen aus, für das die Manufaktur vor allem **Orden** herstellt. Abgerundet wird die Produktion durch den Bereich Anstecknadeln und Medaillen, die zum Beispiel für Erfolge im Vertrieb, Jubiläen oder ehrenamtliche Tätigkeiten verliehen werden. Hinzu kommen Markenzeichen etwa für Produzenten hochwertiger Möbel oder auch Deckelwappen für den Classic-Bereich von Porsche.

Rund 25 Mitarbeiter beschäftigt das traditionsreiche **Familienunternehmen,** dessen Handarbeitsanteil jenseits der 90 Prozent liegt – ganz im Sinne des bereits 1926 von Wilhelm Conze formulierten Qualitäts-Versprechens, das die Manufaktur bis heute hält und das jedes Erzeugnis auf seine Reise zu den Kunden in Europa, Asien oder den Vereinigten Staaten begleitet. ■

Ziegel- und Klinkerwerke Janinhoff

„Alles andere ist nur Fassade"

Nach dem Tod des Firmengründers im Jahr 1943 musste sein ältester Sohn Egon mit 16 Jahren die Schule abbrechen und die Leitung des Betriebs übernehmen. Er bewältigte diese **Herausforderung** erfolgreich und entwickelte in Hiltrup einen zweiten Standort, mittlerweile einziger Sitz des familiengeführten Unternehmens.

Wenn sich Häusle-Bauer neue Ziegelsteine kaufen und deren Qualität prüfen wollen, dann schlagen sie am besten zwei von ihnen gegeneinander. Ist ein sauberer Klang zu hören, dann sind die Steine von guter Qualität. Daher stammt auch der Name Klinker – er klingt. Dieser Klang-Test ist mindestens so alt wie die Janinhoff Klinkermanufaktur mit Sitz in Münster-Hiltrup, die 1907 von Wilhelm Janinhoff in Haltern gegründet wurde.

Nachdem 1992 sein Schwiegersohn Hubertus Foyer in die Firma eingestiegen war und gemeinsam mit seiner Frau Ute Janinhoff-Foyer die Geschäftsführung übernahm, expandierten die Ziegelwerke kontinuierlich. Das Team an deren Spitze schaffte es erfolgreich, sich von der Konkurrenz abzusetzen, sei es durch die Vielzahl an unterschiedlichen Klinkern oder durch innovative Oberflächengestaltungen.

Der Ziegel ist ein Produkt aus natürlichen Rohstoffen. „Mineralische Stoffe wie Tone sind in ihrer Verfügbarkeit generell begrenzt. Es besteht jedoch keine Ressourcen-Knappheit. So ist das Tonvorkommen im Westerwald, das auch wir nutzen, für die kommenden 50 Jahre gesichert", klärt Hubertus Foyer auf. Die Rohstoffe werden im **Tagebau** gewonnen, die Abbaugebiete anschließend rekultiviert und renaturiert.

Janinhoff produziert in der dritten Generation Ziegel und Klinker, Pflaster-, Modul- und Verblendsteine sowie Fassadenkeramik. Das Klinkerprogramm entsteht in einem der modernsten Ziegelöfen Europas. Rund zehn Millionen Euro investierte die Ziegelei 2007 in einen **Tunnelofen.** Dieser führte zu einer verbesserten Qualität der Ziegel, zu sinkenden Produktionskosten und zu einem geringeren Energieverbrauch. Etwa 20 Millionen Klinker verlassen die Manufaktur jährlich. Der Weg bis zum fertigen Produkt zählt zahlreiche Schritte. Nachdem die Aufbereitung der Rohstoffe abgeschlossen ist, wird der keramischen

Masse durch das Strangzieh-Verfahren die gewünschte Form gegeben. Optische Oberflächenkontrollen stellen sicher, dass die Steine über präzise Konturen verfügen. Die Massefeuchte wird stündlich kontrolliert, bis weniger als drei Prozent Wasser gemessen werden. „Die geformten Fassadenziegel haben aufgrund der plastischen Formgebung einen definierten Wassergehalt, der im Trocknungsprozess unter geregelten Bedingungen ausgetrieben wird", erläutert Foyer.

Anschließend wird je nach Produktionsauftrag eine Oberflächenveredlung vorgenommen, ehe das Brennen bei Temperaturen von etwa 1200 Grad Celsius in dem 120 Meter langen Tunnelofen erfolgt. Der Brennvorgang verleiht den Fassadenziegeln beachtliche technische **Eigenschaften.** „Vielfältige Umweltschutzmaßnahmen zielen auf einen möglichst geringen Energieverbrauch und eine schadstoffarme Abluft ab", so der Unternehmenschef. In Stichproben erfolgen anschließend noch eine optische Endkontrolle und die Prüfung von Länge und Höhe sowie der Systemmaße der Ziegel. Ein weiteres wichtiges Prüfkriterium ist das Wasseraufnahmevermögen.

INFO
Ziegel- und Klinkerwerke
Janinhoff GmbH & Co. KG
Thierstraße 130
48163 Münster
www.janinhoff.de

Warme Terrakotta- und Erdtöne prägen den typischen Charakter des gebrannten Steins. Sie stehen im Zentrum des Ziegel-Farbspektrums. Je nach Materialzusammensetzung, Oberflächenbehandlung, Brenntemperatur und -technik lassen sich daraus unzählige **Farbabstufungen** und -nuancen kreieren. Sie reichen vom leuchtenden Gelb über kräftiges Rot bis zu dunklen Grau- und Schwarztönen.

Die Ursprünglichkeit des Ziegels und seine Ausdrucksstärke kommen besonders bei Klinkern zur Geltung, die in einem Ringofen hergestellt wurden. Diese Sortierungen werden dem Trend nach natürlichen Materialien und unverwechselbarem Erscheinungsbild gerecht. Janinhoff bietet im Verbund mit der ebenfalls mehr als 100 Jahre alten Ziegelei Gillrath in Erkelenz, die den letzten produzierenden **Ringofen** in Nordrhein-Westfalen betreibt, die mit traditioneller Technik hergestellten Ziegel in mehreren Sortierungen und Farbtönen an. „Der Austausch von Rezepturen, Know-how und Tongrundstoffen stellt sicher, dass die überlieferten Methoden und Fertigkeiten kultiviert werden, um die **Schönheit** des gebrannten Steins herauszuarbeiten", formuliert Foyer, dessen Unternehmensmotto lautet: „Alles andere ist nur Fassade".

Für ihn sind Klinker Baustoff und zugleich Gestaltungselement. „Sie tragen maßgeblich zur Außenwirkung eines Gebäudes bei und prägen die ästhetische Wahrnehmung einzelner Straßen, Viertel, Städte und ganzer Landstriche." In der zeitgenössischen Architektur lasse sich ein deutlicher **Trend** hin zum Klinker ausmachen. „Architekten, Künstler und Bauherren schätzen die gestalterischen Möglichkeiten des Baustoffs und nutzen ihn zunehmend, um ihre Objekte zu inszenieren und zu individualisieren", ergänzt Ute Janinhoff-Foyer. Sie sieht die kreativen Köpfe der Manufaktur als Partner ihrer Kunden, mit denen sie gemeinsam für jedes Projekt den idealen Klinker fänden oder gegebenenfalls auch neu entwickelten.

Ob in England oder den Niederlanden, Schweden oder Polen, Frankreich oder Russland – die Klinker aus Hiltrup werden in vielen Ländern verbaut. „Sogar aus Australien haben uns Anfragen erreicht", betont Amelie Foyer, die nach ihrem Studium der Wirtschaftspsychologie und zweijähriger Tätigkeit in einer Vermögensverwaltung 2015 in das Familienunternehmen eingestiegen ist und vermutlich gemeinsam mit ihrer Schwester die Führung der rund 55 Mitarbeiter zählenden Firma in der **vierten** Generation übernehmen wird.

Übrigens: Für ein klassisches Einfamilienhaus werden etwa 12.000 Steine benötigt. Je nach Größe und Beschaffenheit liegt der Preis für 1000 Klinker zwischen 480 und 4000 Euro. So heißt es denn auch auf einer eher spaßigen Collage im Foyer der Manufaktur: „Klinker statt Klunker"...

Tourby Watches Uhrenmanufaktur

Es begann mit Opas Taschenuhr

Hagen, anno 1999: Im Alter von 25 Jahren erbt Erdal Yildiz die Taschenuhr seines Großvaters. „In ihr tickte das Kaliber Unitas 6498, das allerdings einen Service benötigte. Auf der Suche nach einem geeigneten Uhrmacher konnte ich erste Einblicke in dieses Handwerk bekommen und war so fasziniert, dass ich fortan eine besondere Bindung zur **Uhrmacherei** und speziell zu dem Unitas-Werk entwickelt habe", betont Yildiz.

Nein, aus Uhren machte sich der gebürtige Türke Erdal Yildiz in jüngeren Jahren wirklich nichts. Selbst während seines Lehramt-Studiums trug er zum Erstaunen seiner Kommilitonen nie eine Armbanduhr – es reichte, wenn er sie nach der Zeit fragen konnte. Heute lebt Yildiz von dem Geschäft mit Uhren: Die 2007 von ihm gegründete Marke Tourby Watches ist mit ihren hochwertigen Zeitmessern ein Geheimtipp für Uhrenfreunde weltweit.

So wird noch während seines Studiums die Welt der mechanischen Uhren zu seinem größten Hobby. Wie besessen liest er jedes Uhrenmagazin, kauft zahllose Bücher, besucht Uhrenmessen und stöbert im Internet nach wissenswerten Informationen. Zudem reist er in ferne Länder, um dort alte und unentdeckte Taschenuhren zu kaufen und zu restaurieren. Danach gab es für Yildiz kein Halten mehr: Nach Beendigung seines Studiums pfiff er auf das angestrebte **Lehramt** und machte sich selbstständig.

„Zunächst habe ich Kontakte zu Zulieferern in Deutschland und der Schweiz geknüpft, um selbst mechanische Armbanduhren zu fertigen. Aus dem Hobby wurde dann endgültig Beruf, als ich erkannt hatte, dass das Internet eine geeignete Plattform bietet, Uhren in aller Welt ohne riesigen Marketingaufwand und ohne Konzessionäre zu verkaufen", blickt Yildiz zurück. 2007 wird die Marke Tourby geboren, getauft auf den Spitznamen des Firmengründers.

Es dauerte nicht lange, bis das Unternehmen aus dem westfälischen Hagen erfolgreich in einen Markt vorstieß, der nur durch **etablierte** Marken besetzt war. „Als David gegen Goliath hatten wir das Glück, dass sich unser Angebot schnell herumsprach. Und als der bekannte Uhrensammler Alan Hammer aus Australien bei

uns eine Uhr für ein internationales Event in den USA orderte, konnten wir uns über ein erstes Aufsehen in der Szene freuen", so Yildiz. Seither findet Tourby Kunden in aller Welt. „Unsere meisten Abnehmer sind allerdings US-Amerikaner. Für diese Kunden erwecken wir alte Taschenuhrwerke wieder zum Leben, die Anfang des vergangenen Jahrhunderts ihren treuen Dienst bei amerikanischen **Eisenbahnern** geleistet haben", so der Unternehmer, der aus Erbstücken seiner Kunden Armbanduhren für den täglichen Gebrauch baut.

Drei Jahre nach der Firmengründung zählte die Kollektion bereits mehr als 25 verschiedene Modelle sowie zwei limitierte Editionen. Nach der Fertigung der ersten Tauchuhr mit einer Wasserdichte von über 500 Metern erhielt Tourby Watches im Jahre 2013 einen nicht alltäglichen Auftrag von der **US Navy:** Die Amerikaner bestellten eine limitierte Serie von Fliegeruhren für besonders verdienstvolle Kampf-Piloten der US Strike Fighters Weapons School Pacific. „Nur höchste Qualität kommt für diese Uhr in Betracht. Deshalb hat uns die Entscheidung der US Navy für unser Produkt besonders gefreut. Wir sind der einzige Hersteller, der die Kampfpiloten direkt beliefert und dessen Uhren auch tatsächlich im Einsatz getragen werden", betont Yildiz. Er verweist darauf, dass jede Uhr eine geheime, individuelle Nummer – von Hand graviert – erhält und dass sie nicht frei verkäuflich ist.

Die Kollektion des Hagener Unternehmens richtet ihr besonderes Augenmerk auf die Blütezeiten Anfang des 20. Jahrhunderts. Daher erinnern viele Zifferblätter an alte Taschen-, Tisch-, Flieger- oder Marineuhren. Jede Uhr hat ein historisches Vorbild, dessen Design in ein hochwertiges und robustes Armbanduhren-Gehäuse eingeschalt wird. „Wir laufen keinen Trends hinterher und bauen nur klassische Uhren, deren Design Jahrhunderte überdauert hat und auch in Zukunft gefragt sein wird", betont Yildiz. Zu der Philosophie von Tourby Watches gehört es, alle Uhren erst nach individueller Absprache mit den Kunden zu fertigen. „Dadurch haben wir die Möglichkeit, eine klassische Uhr, Flieger- oder auch Taucheruhr nach ihren Vorstellungen zu kreieren. Wir nehmen jegliche **Sonderwünsche** entgegen, sofern diese technisch umsetzbar sind", erläutert Yildiz.

INFO
Tourby Watches
Uhrenmanufaktur
Emilienplatz 15
58097 Hagen
www.tourby.de

Bei Tourby wird großer Wert darauf gelegt, die handwerklichen Arbeiten in den eigenen Werkstätten zu erledigen. Ob Uhrmacher oder Handgraveur, Feinmechaniker oder Goldschmied – hier sind im Gegensatz zu großen Luxusmarken eher Künstler und Handwerker als Fließbandarbeiter am Werk.

Zu den Besonderheiten, die das Unternehmen Uhrenfreaks in aller Welt anbietet, zählen von Hand gravierte **Zifferblätter.** Sie sind aus 925er Silber und erfordern zum Teil eine mehrtägige Anfertigung. „Ein handgraviertes Zifferblatt ist in unserer Branche das hochwertigste und aufwendigste Detail überhaupt. Es gibt nur sehr wenige Manufakturen, die diesen Service anbieten", betont Yildiz. Je nach Motiv und Aufwand liegt der Preis für eine Zifferblatt-Einzelanfertigung bei zumindest 2500 Euro.

Der Verkauf von Tourby Uhren erfolgt fast ausschließlich über das Internet an Kunden u. a. in den USA, **Australien** oder Asien. Nur wenige potenzielle Käufer – allerdings auch aus dem Ausland – machen sich auf den Weg nach Hagen, um das Angebot der Manufaktur vor Ort unter die Lupe zu nehmen. Rund 500 Uhren sind es jährlich, die hier hergestellt werden. „Eine deutlich größere Stückzahl soll es auch nicht werden, da wir unserem Prinzip der individuellen Herstellung in kleineren Auflagen treu bleiben wollen", betont der Tourby-Chef.

Serienmodelle veräußert er zu Preisen zwischen 1000 und 2000 Euro, Unikate mit Sonderwünschen liegen etwa bei 3000 bis 10.000 Euro. „Und wer es ganz besonders exklusiv haben möchte, der zahlt auch schon mal 50.000 Euro", so Yildiz. Die Tatsache, dass jeder Auftrag nur nach Vorkasse in Angriff genommen wird, verdeutlicht den guten Ruf des Unternehmens bei den Freunden hochwertiger Zeitmesser. ■

Abtei Mariendonk

Wo Schwestern weben, sticken und nähen

„Die Paramente werden in den Klosterbetrieben in sorgfältiger Handarbeit gefertigt und tragen zur **Schönheit** der Liturgie bei. Wir stellen zum Beispiel Messgewänder und Stolen, Chormäntel und Altartücher her, und das vorwiegend nach eigenen Entwürfen. Manchmal arbeiten wir auch mit externen Künstlern zusammen", erklärt Schwester Mirjam, Leiterin der Paramentenwerkstätten. Die Textilien werden in handgewebter Seide mit oder ohne Stickerei gefertigt. Leitlinie für die Arbeit der kreativen Schwestern ist die Einheit des Gewandes. Der Stoff wird zumeist eigens für das Motiv entworfen, sodass Stoff und Motiv optimal zueinanderpassen. „Dabei versuchen wir auch die jeweiligen Ortsverhältnisse zu berücksichtigen und sind deshalb dankbar, wenn die Kunden uns Bilder der Kirche oder des Raumes, für den das Gewand entstehen soll, zur Verfügung stellen", so Schwester Mirjam, die als 19-Jährige nach ihrem Abitur den Weg ins Kloster fand.

Beständigkeit und Abgeschlossenheit des Lebensraumes nach außen, Schweigen und Armut, Gehorsam, Demut und Keuschheit: Die rund 30 Schwestern in der Abtei Mariendonk im niederrheinischen Grefrath leben nach der Regel des heiligen Benedikt. Dazu zählt, dass die Klostergemeinschaft „von ihrer eigenen Hände Arbeit lebt". Das bedeutet auch für die Benediktinerinnen des 1900 gegründeten Klosters, dass sie ihren Lebensunterhalt selbst erwirtschaften. Ihr Geld verdienen sie vor allem mit der Herstellung hochwertiger Paramente, also liturgischer Kleidung.

Hinter den Mauern der Abtei verbergen sich je eine Handweberei und -stickerei sowie eine Näherei. Zunächst werden im Atelier die Motive, die später gewebt oder eingestickt werden, in **Originalgröße** auf einen Karton gezeichnet. Während hier nur das leise Kratzen der Stifte zu vernehmen ist, geht es in der Weberei schon deutlich lauter zu. Für den Stoff muss zuerst die sogenannte Kette erstellt werden, die Kettfäden bilden das „Gerüst" des Gewebes. Mit dieser Arbeit können durchaus zwei Personen bis zu zwei Wochen beschäftigt sein. Danach ist der Webstuhl auf einer Breite von 1,70 Meter eng mit nebeneinanderliegenden Fäden versehen. Beim Weben wird mit

dem Schützen der Schussfaden in die Kette eingetragen. Auf diese Weise entsteht das Grundgewebe.

„Wir weben hauptsächlich mit Seide. Die verschiedenen Kettfarben wie Rot, Weiß oder Violett ermöglichen die Gestaltung ganz unterschiedlicher Stoffe für einzelne Gewänder. Mal weben wir Stoffe meterweise, mal auch einmalige Stoffe für einzigartige Textilien", erläutert Schwester Mirjam, die sich schon bald nach dem Eintritt ins Kloster für die Arbeit in der Weberei entschied und später auch ihre **Meisterprüfung** ablegte. Die Darstellung von Motiven erfolgt durch das so genannte Einlegen. „Eine reizvolle Technik, denn das Muster ist ganz und gar in das Gewand einbezogen. Der Stoff wird zwar gestaltet, doch das Festgewand wird nicht zum ‚Bildträger', sondern bleibt ein Gewand", betont die fingerfertige „Kloster-Frau".

INFO
Abtei Mariendonk GmbH
Niederfeld 11
47929 Grefrath
www.mariendonk.de

Der nächste Arbeitsschritt vollzieht sich in der Stickerei. Hier wird der Stoff zuerst in einen entsprechenden Holzrahmen gespannt, bevor das Muster darauf aufgepaust, fixiert und bestickt wird. „Sticken erfordert große Konzentration und eine ruhige Hand. Die Gleichmäßigkeit des Stiches in der Spannung und der richtige Umgang mit den Farben sind das **Geheimnis** einer gelungenen Stickerei. Dabei werden verschiedene Stiche, Techniken und Materialien eingesetzt. Die Stickerei verleiht der ursprünglichen Zeichnung eine neue Plastizität", betont Schwester Mirjam. Neben kunstvollen Paramenten fertigen und restaurieren die drei in den Werkstätten tätigen Schwestern und vier weltliche Angestellte auch reich bestickte Fahnen für Schützenbruderschaften, die echte **Handarbeit** zu schätzen wissen.

Vollendet werden die gewebten und bestickten Paramente in der Näherei. Hier erhält das Werkstück seine Form. Vorder- und Rückteil werden zusammengenäht, mit dem Einnähen des Futters der **Gesamteindruck** abgerundet. Auch wenn elektrische Nähmaschinen vorhanden sind, so wird doch ein wesentlicher Teil mit der Hand genäht. „Dadurch wird das Futter dem Fall des Gewandes homogen angepasst", betont Schwester Mirjam. Alben, Ärmelgewänder und andere Textilien wie Altardecken oder Altartücher werden direkt in der Näherei angefertigt.

Zu den Kunden der Paramentenbetriebe zählen vor allem die Gemeinden, aber auch einzelne Geistliche sowie Schützenvereine.

Bezüglich der Auftragslage erlebt die Abtei Mariendonk Höhen und Tiefen. „Doch auch in wirtschaftlich schwächeren Zeiten ist es uns gelungen, unsere zivilen Angestellten kontinuierlich zu beschäftigen", freut sich Schwester Mirjam. Dafür übernehmen die in der Werkstatt tätigen Schwestern andere Aufgaben, u. a. in dem großen **Obst- und Gemüsegarten,** dessen Erträge einen wesentlichen Anteil der Lebensmittelbedürfnisse innerhalb der Klostermauern abdecken.

Aufträge erhält die Paramentik auch über das Internet. Aber vor allem resultieren sie aus persönlichen Gesprächen mit potenziellen Kunden in der Abtei. „Man muss unsere Arbeit sehen, fühlen und einen Eindruck von der **aufwendigen** Fertigung erhalten. Dann versteht man auch, warum die bei uns hergestellten Gewänder nicht für einen Schnäppchenpreis zu bekommen sind", sagt Schwester Mirjam. Je nach Aufwand zahlen die Kunden zwischen 1000 und 4500 Euro für ein Gewand, dessen Herstellung etwa ein halbes Jahr dauert.

Zu den prominenten Kunden zählen **Bischöfe** aus Münster, Aachen und Limburg. Geliefert hat die Abtei aber auch schon an evangelische Pastoren. „Sie vertraten die Ansicht, dass die Verkündung der frohen Botschaft durchaus nicht immer in schwarzer Kleidung erfolgen muss", heißt es bei den Benediktinerinnen, deren prall gefüllter Tag um 5 Uhr beginnt und um 22 Uhr endet. Doch auch Privatleute finden hier ein ganz besonderes Angebot: **Taufkleider,** in die auf Wunsch der Name des Täuflings und das Taufdatum eingestickt werden, mitunter auch über Generationen hinweg. ■

Sel La Vie

Die Salzjungen aus Krefeld

Lübbers' Vita ist reich an Erfahrungen und Episoden. Nach seinem Abitur im Jahr 2001 und anschließendem Zivildienst studierte er in Köln Biologie – zwei Semester, dann schmiss er hin, bereiste die halbe Welt, hielt sich mit Gelegenheitsjobs über Wasser, ehe er sich 2006 für das Studium der Sozialpädagogik entschied.

Er reiste durch Thailand und Nepal, erkundete die USA und Südamerika, lebte in Kanada und Frankreich. Doch immer wieder kehrte der Abenteurer in seinen Heimathafen zurück, den mit über 300 Jahren ältesten Bauernhof auf Krefelder Stadtgebiet. Von hier aus führt Moritz Lübbers seit Herbst 2014 die Geschäfte des Unternehmens Sel La Vie, das geschmacklich verfeinerte Salze und salzhaltige Produkte herstellt bzw. vertreibt. Gewonnen wird das weiße Gold in den Salinen von Guérande in der Bretagne.

Parallel dazu arbeitete er bei der Lebenshilfe in Krefeld, bei der er sich um Erwachsene mit Behinderungen kümmerte. 2010 schloss er das Studium ab – und erhielt von der Lebenshilfe das Angebot einer **Festanstellung.** „Alles lag zur Unterschrift bereit, aber ich konnte nicht. Ich wusste, wenn ich das jetzt mache, dann stecke ich da fest", blickt der Freigeist zurück.

Nachdem der gemeinsam mit Freunden begonnene Umbau eines alten Bauernhofs für tiergestützte Sozialpädagogik in Frankreich von den Behörden gestoppt worden war, arbeitete der Krefelder zwei Jahre auf einer Ranch in Kanada, ehe er einen **Job-Aufruf** über Facebook startete. Es meldete sich u. a. Eva, eine Französin, die der Weltenbummler einst in Mexiko kennengelernt hatte. „Komm doch zu uns und hilf uns bei der Salzernte", bot ihm die Bekannte aus der Bretagne eher scherzhaft an.

Nicht ahnend, was ihn erwartet, fährt Lübbers nach Guérande und lernt die Welt der Paludiers, der Salzbauern, kennen. Von seinem Chef erfährt er, wie bei Flut Wasser vom Atlantik in eine von der Natur geformte Bucht strömt. Diese bildet ein riesiges Speicherbecken, das die **Salinenlandschaft** von Guérande speist. „Von der Bucht aus versorgen große Kanäle das Salingebiet im Wechsel der Gezeiten mit Wasser. Über ein verzweigtes Kanalsystem wird dieses in die Erntebecken geleitet. Je nach Sonnenstand

und Verdunstung kann hier morgens grobes Meersalz und nachmittags Fleur de Sel, das weiße Gold, geerntet werden", erläutert Lübbers. Die Ernte könne nur im **Sommer** erfolgen, weil hohe Temperaturen, eine geringe Luftfeuchtigkeit und viel Wind für die Salzgewinnung erforderlich seien.

Der Erntehelfer vom Niederrhein bleibt in seinem „Ausbildungsjahr" drei Monate, also die gesamte Saison. Danach hat er die Wahl, mit Geld oder Salz bezahlt zu werden. „Als ich von den Gewinnspannen beim Verkauf von Fleur de Sel erfuhr, habe ich mich für Salz entschieden, bin mit 400 Kilo nach Hause gefahren und habe meinem Freund und heutigen Geschäftspartner Marcel Wendel meine Geschäftsidee vorgestellt", erinnert sich der auf den (Salz-)Geschmack gekommene **Jungunternehmer.** Wendel war sofort dabei und half, das Geschäft, die Homepage und den Vertrieb aufzubauen. Das erste Salz verkaufte Lübbers vor der Haus-Einfahrt an Radler und Fußgänger – neben dem hochwertigen handgeschöpften Fleur de Sel, das nur vier Prozent der Ernte ausmacht, auch Gros Sel Marin, ein grobkörniges Meersalz, das einen hohen natürlichen Mineraliengehalt aufweist.

Den ersten kleinen Durchbruch erzielten Lübbers & Co. im Oktober 2014 auf dem französischen **Gourmetmarkt** in Erkelenz: An einem einzigen Tag setzten sie tausend Euro um. Es folgten Besuche auf zahlreichen Kunsthandwerkermärkten, auf denen sie mit unerwartet großem Erfolg ein „Lockmittel" einsetzten, die in einer kleinen Manufaktur in Norddeutschland nach einem Rezept von Sel La Vie hergestellten **Lakritz- und Karamellbonbons.** „Es handelt sich um ein spezielles Verfahren, das die Salzkristalle erhält. 99 Prozent der Marktbesucher fahren total auf unsere Bonbons ab", so Lübbers.

Mittlerweile besuchen „die Salzjungen aus Krefeld" jährlich mehr als 100 Märkte, in der Weihnachtszeit bis zu sieben Veranstaltungen gleichzeitig. „Zeitweise haben wir draußen mehr als 80 Prozent unseres Umsatzes erzielt. Diesen Anteil haben wir auf etwa 50 Prozent reduziert und das Wiederverkäufer-Geschäft auf rund 40 Prozent ausgebaut. Den Rest macht unser **Onlineshop** aus", rechnet Lübbers vor. Knapp 30 Produkte bietet Sel La Vie mittlerweile an, darunter 14 Kräutersalzsorten von Steinpilz über Zitronenpfeffer und Ingwer-Hibiskus bis Orange-Chili, fünf reine Salze, zudem Karamellcreme, Erdnuss-Nugat-Creme und Zartbitter-Kokos-Creme sowie einen **Lakritzlikör,** jeweils mit Fleur de Sel. Und in Kooperation mit dem Krefelder Stadtmagazin KR-ONE vermarktet Sel La Vie seit 2015 „Algomasio", eine Würzmischung aus geröstetem Sesam, Algen und Fleur de Sel – mittlerweile nach den Bonbons der zweite Renner im Sortiment und wie alle Kräutersalze in Bio-Qualität zertifiziert.

Was mit 400 Kilo im Startjahr begann, hat sich auf ein jährliches Volumen von drei Tonnen Fleur de Sel und 1,5 Tonnen Gros Sel Marin ausgeweitet. Ob mischen, abfüllen, etikettieren – alle Arbeiten werden in den idyllisch gelegenen Manufaktur-Räumen per Hand erledigt. Das **Kernteam** zählt gerade einmal vier Köpfe „einschließlich meiner Mutter, die uns sehr stark hilft", freut sich Lübbers. Hinzu kommt ein Pool von rund 15 Aushilfen, vor allem als Standpersonal auf den Märkten.

Mit der Unternehmensgründung ist das laissez faire mehr oder weniger aus Lübbers' Leben gewichen. Zwei, drei Monate jährlich schöpft er Salz, den Rest des Jahres vermarktet er seine daraus von ihm entwickelten Produkte – „oft sieben Tage in der Woche, aber immer mit großer Begeisterung", wie er versichert. Doch seinen **Abenteuerdrang** vergangener Zeiten hat er nicht ganz verloren: Hier und da nimmt er sich eine Auszeit – frei nach dem Motto: „C'est la vie". Doch auch dann kommen ihm Gedanken, was sich mit dem natürlichen Geschmacksträger Salz noch so alles machen ließe. „Doch wir wollen es nicht übertreiben, sondern klein und dafür fein bleiben", so der „Salzjunge". ■

BW Bielefelder Werkstätten

Möbel mit viel Liebe zum Detail

Die Bielefelder Werkstätten sind in die global agierende JAB Anstoetz Group eingebunden, in deren Zentrum der international bedeutende, gleichnamige Stoffverlag steht. Mit ihren zahlreichen Unternehmen, die im Bereich Wohntextilien und Polstermöbel tätig sind, zeichnet die Gruppe international eine hohe **Kompetenz** für das Thema Einrichten und Wohnen aus. Bis heute inhabergeführt, beschäftigen die Werkstätten rund 120 Mitarbeiter. Ob Tischler, Polsterer oder Näher – ein Großteil der Handwerker wurde im eigenen Betrieb ausgebildet und von Anfang an mit den hohen Standards der Manufaktur vertraut gemacht. „Sie stellen unsere Möbel nach überliefertem Wissen und mit viel Liebe zum Detail her", betont Anstoetz.

Für Claus Anstoetz, Inhaber der BW Bielefelder Werkstätten, gibt es keinen Zweifel: „Jeder Mensch hat seine einzigartige Definition von Schönheit – besonders, wenn es um das Einrichten der eigenen vier Wände geht. Nur wer sich zu Hause verwirklichen und entfalten kann, fühlt sich im eigenen Reich rundum wohl." Das ostwestfälische Unternehmen, das 1956 von seinem Vater Heinz Anstoetz gegründet wurde, trägt seither zum Wohlgefühl seiner Kunden mit hochwertigen Polstermöbeln bei, die in traditioneller Handarbeit gefertigt werden.

Zwischen 8000 und 10.000 „Sitzeinheiten" verlassen die Bielefelder Werkstätten Jahr für Jahr. Nahezu jedes Exemplar ist hier ein **Einzelauftrag,** auf Lager wird nicht gefertigt. Verarbeitet werden nur hochwertige Materialien. So bestehen die Rahmen der Möbel aus heimischem Buchenholz. Auch bei der Verarbeitung sind die Ansprüche der BW hoch: „Bei uns werden alle Verbindungen gedübelt, verzapft oder geleimt sowie geschraubt, aber nicht wie heute zumeist üblich getackert", schildert Andreas Seufferle, Kaufmännischer Leiter des Unternehmens. Dieser Aufwand, der für den Endkunden im Verborgenen bleibe, trage dazu bei, dass die Möbel von BW auch nach vielen Jahren nicht zu knirschen beginnen.

„Es erfordert eine Vielzahl von Arbeitsschritten, bis unsere Experten die Dessins passgenau zugeschnitten, den Fadenverlauf perfekt abgestimmt und das auf Maß genähte Gewebe mit Hunderten von winzigen Nägeln präzise fixiert haben", erläutert Seuf-

ferle. In dieser alten **Handwerkskunst** entstünden faszinierende Produkte, deren Wert die BW-Kunden schätzen würden, und das oft über Generationen.

Als Zielgruppe für die zeitlos-klassischen Sofas, Sessel und Wohnlandschaften setzt BW auf die sogenannten Best-Ager der Altersklasse 50+, auch wenn sich der Traditionshersteller mit einer „zweiten Designsprache" auf den gewandelten Lebens- und Einrichtungsstil eingestellt hat. „Doch wenn ein Möbelstück 20 Jahre oder länger gefallen soll, dann muss es von der **Formensprache** her entsprechend zeitlos und klassisch wirken", so Seufferle. Es sei übrigens nicht selten, dass Kunden ihren Sessel oder ein Sofa nach 15 oder 20 Jahren nach Bielefeld transportieren ließen, um ihr lieb gewonnenes Möbel mit einem anderen Stoff neu beziehen zu lassen. „Auch wenn das für den Kunden nicht besonders günstig und für uns auch aufwendig ist, so bieten wir diesen Kundenservice gerne an", versichert der Kaufmann.

INFO
BW Bielefelder Werkstätten KG
Potsdamer Straße 180
33719 Bielefeld
www.jab.de

Die ältesten Möbelstücke, die BW noch im Sortiment führt, sind mittlerweile rund 25 Jahre alt. Die **Produktlebenszyklen** haben sich in den beiden Jahrzehnten allerdings verkürzt. „Der Markt fordert jedes Jahr neue Modelle, er hat sich ein wenig der Mode angeglichen. Diese Entwicklung war früher etwas verhaltener", so Seufferle. Er betont den hohen Anspruch der Manufaktur, einen **Sitzkomfort** zu bieten, der dem Wunsch der Kunden entspricht, nicht in den Möbeln zu versinken, sondern bei aller Bequemlichkeit auch noch relativ aufrecht zu sitzen.

Vertrieben werden die Produkte der BW Bielefelder Werkstätten über rund 120 Stützpunkthändler in Deutschland, in der Regel inhabergeführte Facheinzelhändler mit exklusiven Kollektionen. Der **Exportanteil** hat mittlerweile eine Größenordnung von etwa 30 Prozent erreicht. „Wenn wir weiter wachsen wollen, müssen wir neue Märkte erobern, da das Inlandsgeschäft gesättigt ist. Sehr gut entwickelt haben sich der Mittlere und Ferne Osten, bis zur Ukraine-Krise auch Russland. Zufrieden sind wir aber auch mit den Fortschritten in unseren ausländischen Stammmärkten Schweiz, Österreich und Benelux", so der Inhaber Claus Anstoetz.

Die unendlichen **Variationsmöglichkeiten** bezüglich Modell, Typ und Bezugsstoff führen dazu, dass BW-Möbel zu mehreren

100.000 verschiedenen Preisen erhältlich sind. Sie reichen von etwa 800 Euro für einen Stuhl und enden bei rund 22.000 Euro für eine große lederne Garnitur. Der Umsatzanteil von Ledermöbeln beläuft sich auf etwa 20 Prozent. Dabei kommen ausschließlich anilin- oder semianilingefärbte Leder zum Einsatz, da nur bei diesen Färbearten die positiven Merkmale des Leders auf Dauer erhalten bleiben.

Die BW Bielefelder Werkstätten möchten nicht als Polstermöbel-Marke, sondern als Einrichtungs-Marke gesehen werden. Dazu trägt u. a. die von einem Designer entwickelte Linie „Saloni" bei. „In vielen modernen Lebenswelten verschmelzen Wohnraum und Esszimmer immer mehr zu einer Einheit. Wo endet ein Bereich, wo beginnt ein neuer? Mit unserem Konzept ‚Saloni' lassen wir die Grenzen verschwimmen und schaffen

organisch fließende Übergänge", formuliert Seufferle. Und da exquisit gestaltete Lebensbereiche nicht nur von hochwertigen Polstermöbeln allein geprägt würden, biete das Unternehmen ein ausgefeiltes **Einrichtungskonzept** mit passend zu seinen Sofas und Sesseln gestalteten Tischen, Leuchten und Essgruppen für harmonisch abgestimmte Wohnwelten an. ■

mono

„Manufaktur der Design-Originale"

Die Geschichte des Familienunternehmens geht zurück auf das Jahr 1895, als Wilhelm Seibel I. im Alter von 50 Jahren den Sprung in die Selbstständigkeit riskierte und die erste **Besteckfabrik** in Mettmann gründete. 15 Jahre später zählten die W. Seibel Britanniawarenfabriken bereits 240 Beschäftigte. Die florierende Auftragslage führte 1911 zur Errichtung eines Zweitwerks in Ziegenhain, aus dem die Hessische Metallwerke Gebr. Seibel hervorgingen.

Entgraten, glätten, anspitzen, schärfen, schmirgeln, polieren, bürsten, schleifen, dazwischen immer wieder innehalten und prüfen – jedem Detail, jeder Nuance gilt die ganze Aufmerksamkeit der Handwerkskünstler. Mit geschultem Auge und „Musik in den Händen" leisten sie eine Präzisionsarbeit, die durch keine computergesteuerte Maschine zu ersetzen ist. Die Rede ist von den Perfektionisten der mono GmbH, die seit Jahrzehnten als „deutsche Manufaktur der Design-Originale" gilt.

Nach kriegsbedingt schwierigen Zeiten füllten sich die Auftragsbücher zunächst von selbst. Millionen von Menschen hatten ihren Hausrat verloren, Kantinen und Gaststätten waren zerstört. Die Firma W. Seibel zählte schnell knapp 1000 Mitarbeiter und produzierte Bestecke in Aluminium, Alpacca und Edelstahl. Doch dem Aufschwung folgte in den 1960er-Jahren ein ebenso rasanter Abschwung. Der Bedarf war gedeckt. Hinzu kam, dass höherwertiges Tafelbesteck aus Fernost den Markt **überschwemmte.** 1976 schloss der Mettmanner Betrieb W. Seibel. Dieses Schicksal blieb der hessischen Dependance dank der mutigen Firmenpolitik des Gründer-Enkels Herbert Seibel erspart.

Hätte er nicht schon Ende der 1950er-Jahre gegen seinen Großvater Heinrich Seibel rebelliert, hätte das Familienunternehmen wohl längst „den Löffel abgegeben". Herbert Seibel traf sich heimlich mit Peter Raacke, einem jungen Dozenten für Industriedesign. Hinter dem Rücken des „Alten" entwickelten sie das Besteck „mono-a". Bei seinem Erscheinen im Jahr 1959 war es das erste, das auf dekorative **Gestaltungselemente** radikal verzichtete. „Der Name mono erklärt sich daher, dass das Messer ursprünglich aus einem einzigen Stück Edelstahl, einem soge-

nannten Monoblock, gestanzt wurde. Zugleich ist es ein Hinweis auf die Einheitlichkeit der Gestaltung", erläutert Wilhelm Seibel V., der in fünfter Generation das 1986 wieder an seinen Stammsitz in Mettmann zurückgekehrte Unternehmen leitet.

Herbert Seibel und Peter Raacke konnten nicht ahnen, dass sich – so die Konkurrenz – „ein Stück Blech, das ein Besteck sein will", zu einer **Legende** entwickeln würde. Mittlerweile gilt mono-a als das meistverkaufte Design-Besteck, dessen Ruf unzählige Auszeichnungen und Ausstellungen im In- und Ausland bezeugen.

Wer einen Blick in die Fertigung wirft, kann sich davon überzeugen, dass es weitaus schwieriger und arbeitsintensiver ist, die schlichten Formen eines mono-Bestecks perfekt herauszuarbeiten, als die eines reich verzierten Bestecks. „Denn in Ornamenten lassen sich Fehler leicht **vertuschen,** während die makellose mono-Edelstahloberfläche eine hundertprozentige Ausführung verlangt", erläutert Seibel.

INFO
mono GmbH
Industriestraße 5
40822 Mettmann
www.mono.de

Eine Manufaktur ist das Unternehmen auch heute noch, weil es an vielen **traditionellen** Fertigungsverfahren festhält. So werden mono-Bestecke in rund 30 handwerklichen Arbeitsschritten gefertigt, die großes Geschick erfordern. „Die menschliche Hand und das menschliche Auge unserer erfahrenen Handwerksmeister sind dafür unersetzlich. Auch die Designer legen bei der Feinabstimmung vor Beginn der Herstellung mit Hand an", so der Firmenchef und Vater von vier Söhnen, die - wie er selbst auch - in eine Unternehmerfamilie hineingeboren wurden. „Doch genauso wenig wie ich damals in die Firma gedrängt wurde, überlasse auch ich es meinen Kindern, ob sie in das Unternehmen einsteigen wollen oder auch nicht."

Nicht nur die **Unternehmensnachfolge** hat bei mono gute Tradition, sondern auch das Treffen wichtiger Entscheidungen nicht alleine mit dem Kopf, sondern auch mit dem Bauch. Entwürfe haben bei den Verantwortlichen fünf bis zehn Sekunden Zeit, wenn sie akzeptiert werden wollen. In dieser Zeit entscheide auch der Kunde im Laden, ob er sich mit dem Produkt auf den Weg zur Kasse macht, so Seibel. „Beim Blick zurück auf vergangene Jahrzehnte haben wir mit unserem **Bauch** öfter richtig- als falschgelegen."

Dies war auch zu Beginn der 1980er-Jahre so, als der Designer Tassilo von Grolman mit einer von ihm entwickelten Arbeit die Gestaltung von Teekannen und das Prinzip der **Teezubereitung** grundlegend veränderte. Die elegant schwebende Kanne mit maximalem Freiraum für die Entfaltung der Teeblätter war ein wesentlicher Schritt zu einem neuen Verständnis der Teezubereitung, fand aber bei den großen Kannen- und Service-Herstellern keine Akzeptanz. Doch bei den Seibels bestand sie den Bauchtest und kam 1983 auf den Markt. Nach zögerlichem Beginn entwickelte sich „mono filio" zu einem echten Bestseller. Mehr als eine Million Exemplare des **Freischwingers** haben bisher die Manufaktur verlassen, womit er sich zu einer wahren „Volkskanne" entwickelt hat.

Auch wenn mono im Jahr 2006 den ebenfalls traditionsreichen Solinger Besteckhersteller Pott übernommen hat und – gemeinsam mit dieser Marke – jährlich rund 180.000 Bestecke produziert, so ist das Unternehmen durch vielfältige **Ergänzungen** seines Sortiments längst auf den „gedeckten Tisch" fokussiert. Dazu zählen kleine Flammschalen und lederne Accessoires-Ablagen ebenso wie Walnussöffner, Gewürzmühlen und Servicetabletts.

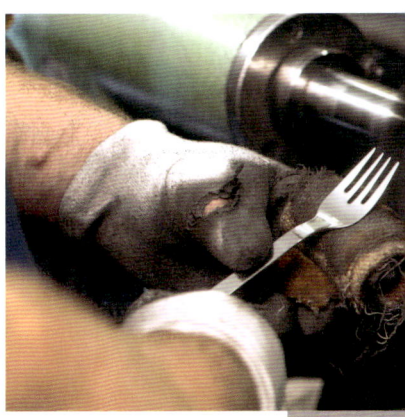

Mittlerweile hat der Umsatz der mono GmbH, die knapp 30 Mitarbeiter beschäftigt, eine Größenordnung von rund 3,5 Millionen Euro erreicht. Dabei ist die **Teekanne** das stärkste Einzelteil. Nahezu jeder dritte Euro wird im Ausland verdient, vor allem im deutschsprachigen Raum, aber auch in den USA, China und Südkorea. „Ein überproportionales Wachstum verzeichnen wir übrigens nicht nur bei Privathaushalten, sondern auch in der gehobenen Gastronomie und Hotellerie sowie bei Eignern von Jachten und Privatjets", ergänzt Seibel. ◼

Johannes Klais Orgelbau

In der Seele und im Herzen nachhallen

Seit mehr als 130 Jahren prägt die **Familienwerkstatt** Klais den Orgelbau. Als Johannes Klais nach absolvierter Ausbildung 1882 seinen Betrieb gründete, war seine Arbeit zwar den traditionellen Bauweisen verhaftet, gab dem Orgelbau aber dennoch neue Impulse. So realisierte er 1906 zusammen mit seinem Sohn Hans die elektrische Traktur, bevor ihm 1925 die Führung des Unternehmens anvertraut wurde. Mit zahlreichen innovativen Entwicklungen brachte er den Orgelbau ebenso weiter voran wie die Werkstatt. Nachdem Hans Gerd Klais, der Enkel des Firmengründers, die Werkstatt von 1965 bis 1995 geleitet hatte, ging die Verantwortung für die Firma auf die vierte Generation über. Bei Philipp Klais verbinden sich neue Ideen mit bewährter Erfahrung. Gemeinsam mit einem jungen Team engagiert er sich für charaktervolle Instrumente mit hoher klanglicher und gestalterischer **Ästhetik.**

> "Auch wenn schon mein Vater, Großvater und Urgroßvater Orgeln bauten, so wollte ich im Alter von 15 bis 19 alles werden, nur das nicht!", gesteht Philipp Klais. Dass er dennoch 1995 mit 28 Jahren die Leitung der weltweit tätigen Klais Orgelbau GmbH & Co. KG in Bonn übernahm, führt er auf einen ganz speziellen Umstand zurück: „Meine recht schlechte Gesangsstimme hat mich beim sonntäglichen Gottesdienst immer gehemmt. Da wurde mir klar, dass ich das weiche Klangbad der Orgel brauche, damit ich mich beim Singen wohlfühle."

Die Familie wohnt und arbeitet seit jeher unter dem Dach der Werkstatt. Im Austausch mit den Mitarbeitern findet hier ein immerwährender Lernprozess statt. Ziel ist Erkenntnisgewinn: „Einig sind wir uns alle über Sinn und Zweck unseres Tuns: Orgelbau ist schöpferische und zeitgemäße Auseinandersetzung mit dem **Tradierten** in all seinen Erscheinungsformen. Der Orgelbauer arbeitet in seiner Zeit, aber seine Werke müssen sich der Geschichte stellen", formuliert Philipp Klais.

Die Planung jeder Orgel setzt an bei musikalischer Aufgabe, Architektur und Raumakustik. Die Baumaterialien müssen ebenso berücksichtigt werden wie Baustil und Raumcharakter. Eine neue Orgel muss sich ihren Platz in einem bereits geknüpften,

dichten Netzwerk von Gegebenheiten erarbeiten. Das Klangkonzept ist eng mit der Beschaffenheit des Raumes verknüpft: „Jede Pfeife wird eigens mensuriert und intoniert. So fordern verschiedene Register unterschiedliche Zinnlegierungen, und auch die Bearbeitungen wechseln von Register zu Register. Manchmal geht es um **Nuancen,** um Hundertstel Millimeter", erläutert der Rheinländer.

Für ihn und seine rund 60-köpfige Belegschaft sei die ständige Auseinandersetzung mit dem Klangbild bedeutender Orgeln verschiedener Epochen sowie die Beschäftigung mit den Stilen der Orgelmusik und ihrer Interpretationsvarianten Voraussetzung für das Schaffen eines vollendeten Klangerlebnisses. „Klangkonzept und Intonation bieten die gleiche künstlerische Herausforderung. Für uns zählt die Vollkommenheit des Klangs im Raum.

INFO
Johannes Klais
Orgelbau GmbH & Co. KG
Kölnstraße 148
53111 Bonn
www.orgelbau-klais.com

Unsere Orgeln überdauern Generationen, erklingen länger, als ein Menschenleben währt", so Klais.

Durch alle Veränderungen der Klang-, Form- und Funktionsstile hindurch blieb und bleibt eine schon vom Gründer festgelegte Grundforderung an die Bonner Werkstatt: für jede Orgel die beste Lösung zu finden und sie in höchster Qualität zu realisieren. „Jeder einzelne Mitarbeiter tritt in das Werk ein und gleichzeitig hinter das Werk zurück. Die Orgel soll **dienen,** dem Gotteshaus, der Gemeinde, dem Konzertbesucher, dem Komponisten, dem Interpreten. Wir Orgelbauer dienen dagegen dem Instrument, seinen religiösen und kulturellen Aufgaben", so der Bonner Lokalpatriot. Nahezu 2000 Orgeln hat das Traditionsunternehmen bislang gebaut. Heute sind es jährlich etwa vier Instrumente, von denen nahezu die Hälfte exportiert wird, nach China oder Südamerika ebenso wie in den Oman oder nach Japan.

Ist die Gesamtkonzeption des zu fertigenden Instruments skizziert, werden Detailpläne in enger Abstimmung mit der Werkstatt entwickelt, in der etwa 90 Prozent aller Mitarbeiter Orgelbauer sind und in Teams arbeiten. Das Musikalisch-Handwerkliche kann beginnen: In der Gießerei werden Zinnplatten gegossen und gelötet, manchmal auch gehämmert, wenn es das **Klangbild** erfordert. In der Schreinerei entstehen Windladen, gleich nebenan werden Holzpfeifer verleimt und gehobelt. „Der

Orgelbau ist eine Kunst, die in verschiedenen Materialien zu Hause ist. Ob Gehäuse, Spieltische oder Pfeifen – wir fertigen die Teile der Instrumente selbst", betont Klais.

Materialien, die auch schon die Generationen vor ihm verwendet haben: Zinn für die Pfeifen, Leder für die Blasebalge im Inneren der Orgel. Selbst der Kleber ist der gleiche wie vor mehr als 130 Jahren, Leim aus Rinderknochen, der am längsten hält, aber mit Wärme wieder aufgeweicht werden kann. Holz von Eichen und Fichten, die in den deutschen Wäldern im Winterhalbjahr – zum Teil auf **Mondphasen** und Mondstände nach alter Tradition ausgerichtet - geschlagen werden.

Rund zwei bis drei Jahre beträgt die Lieferzeit für eine Orgel aus der Bonner Manufaktur. Der Preis für ein Mini-Instrument beginnt bei 10.000 Euro, Grenzen nach oben gibt es nicht. So zahlte ein Kunde aus Taiwan 3,5 Millionen Euro für eine Orgel mit 127 Registern und knapp 10.000 Pfeifen. Dagegen wirkt das zwei Millionen teure Instrument für die Hamburger **Elbphilharmonie** mit 4.765 Pfeifen fast schon bescheiden. Mit seinem Unternehmen erzielt Klais einen Jahresumsatz von rund sechs Millionen Euro. Dabei entfällt etwa ein Drittel auf die Restaurierung alter Orgeln. „Generell gilt für uns und unsere Kunden, dass der Preis nicht die Qualität diktieren darf, sondern umgekehrt."

In der langen Firmengeschichte ist auch viel Platz für Unglaubliches. Dazu zählt die Geschichte der verschwundenen Orgel, die auf dem Meeresgrund vor Hongkong liegt. Beim Umladen von einem großen Container- auf ein kleineres Schiff sanken Tausende Einzelteile. Oder die Story von der Hausorgel für einen Schotten, die mangels einer für Lkw befahrbaren Straße mit dem **Hubschrauber** angeliefert werden musste. ∎

Prägemanufaktur Kaeser & Putziger

Wo sich Design und Handwerk treffen

Im grünen Hinterhof und den Kellerräumen eines Doppelhauses, das Familie Putziger bewohnt, veredeln die beiden Unternehmerinnen in Handarbeit mit schillernden metallischen oder matten Farben besonders hohe Grammaturen von **Feinstpapieren.**

„Prägen ist auffallen, glänzen, fühlen, Aufsehen erregen, beeindrucken, bezaubern, brillieren, hervorstechen, faszinieren, sich unterscheiden, sichtbar werden, aus dem Rahmen fallen, imponieren, glitzern, schimmern, leuchten, funkeln, strahlen, im Gedächtnis bleiben", findet Marianne Putziger kaum ein Ende in ihrer wortreichen Begeisterung für den hochwertigen Prägedruck durch feine **Druckveredelung** mit Reliefprägung, Blindprägung, Heißfolienprägedruck, Goldschnitt, Silberschnitt und Kupferschnitt.

Einmal sollte man seine sieben Sachen fortrollen aus diesen glatten Geleisen. Man müsste sich aus dem Staube machen und früh am morgen unbekannt verreisen ..." Wer sich der Düsseldorfer Prägemanufaktur nähert, entdeckt unweigerlich diese mit weißer Farbe auf die Fenster gemalten Zeilen der Lyrikerin Mascha Kaléko. „Damit kein falscher Eindruck entsteht – wir beabsichtigen nicht zu verschwinden. Die Beschriftung dient dem Schutz vor Vogelschlag", klärt Marianne Putziger auf. Gemeinsam mit Silja Kaeser übt sie das klassische Handwerk des Prägedrucks aus.

Die Idee zu diesem Tun hatte die Grafikdesignerin im Januar 2012. Durch ihren Mann erhielt sie erste Einblicke in die Prägetechnik, da seine Eltern seit den 1970er-Jahren einen Prägebetrieb vornehmlich für Kranzschleifen hatten. „Meine Überlegungen gingen dahin, diese hochwertige Drucktechnik mit neuen **Designs** zu beleben. Nachdem ich erste Gespräche vor allem mit der Hochzeitsbranche geführt hatte, kam ich zu der Erkenntnis, einfach einmal loszulegen. Denn alles war da, sowohl die Maschinen als auch die familiäre und fachliche Unterstützung", blickt Marianne Putziger zurück.

Allerdings wurde ihr schnell klar, dass der Aufbau einer Manufaktur im Alleingang schwierig und zu zweit deutlich mehr Spaß machen würde. Wenige Monate später dann die glückliche Fügung: „Über eine Freundin habe ich Silja kennen- und schätzen

gelernt. Sie war schnell Feuer und Flamme!" Anfang 2013 legte das Duo gemeinsam los. „Mich fasziniert besonders, dass bei unserer Manufaktur Design und Handwerk zusammenkommen, vor allem deshalb, weil ich gelernte **Schreinerin** als auch studierte Objekt-Designerin bin. Wir können alles sofort ausprobieren und neue Produkte entwerfen, die wir selber herstellen. Für mich bietet die Kombination von alter Technik mit modernem Design unerschöpfliche Möglichkeiten in alle Richtungen", begeistert sich Silja Kaeser.

Alte Technik – das sind bei der Manufaktur **Vergolderpressen** aus den 1930er- und 1950er-Jahren mit einer Druckleistung von 20 bzw. 30 bis 40 Tonnen. Aus digitalen Vorlagen werden Stempel aus Magnesium oder Messing für die Heißfolienprägung hergestellt. Dabei wird die Prägefolie durch den erhitzten Stempel auf das Druckmaterial gepresst. Die bei dieser Prägeart entstandenen metallischen Farben wie beispielsweise Gold oder Silber lassen einen besonders hochwertigen Eindruck entstehen. Bei der Reliefprägung besteht der Stempel aus zwei Teilen, dem Stempel und dem Gegenstempel. Dadurch wird die Prägung deutlich fühlbar. „Das haptische Erlebnis und der Glanzeffekt verleihen dem Druckwerk zusätzliche Wertigkeit", betont Marianne Putziger. Beprägbar seien fast alle Arten von Papieren und Karton, hochwertigen Feinstpapieren, Faltschachteln, einige Arten von Kunststoff, Zellstoff oder auch Bändern.

INFO
Prägemanufaktur
Kaeser & Putziger GbR
Grünberger Weg 41
40627 Düsseldorf
www.praegemanufaktur.de

„Durch unsere **Handarbeit** sind wir in der Lage, auf Materialien zu prägen, die in Druckereien mit automatisierten Maschinen nicht bedruckbar sind. Dabei produzieren wir vor allem kleine bis mittlere Auflagen von hochwertigen Prägungen aller Art", erklärt Silja Kaeser. „Ob 15 oder 300 Exemplare – jede zu prägende Karte oder Schachtel muss einzeln per Hand unter die Maschine gelegt werden, die dann mit großem **Kraftaufwand** betätigt werden muss. Danach spürt man abends alles", meint sie. Während sie für Produktion und Entwicklung verantwortlich zeichnet, widmet sich ihre Partnerin vor allem den Aufgabengebieten Vertrieb, Marketing und PR.

Die beiden hatten sich zu Beginn ihres Miteinanders auf Hochzeitsthemen fokussiert. Doch die Investitionen in Zeit, Mühe und

Geld zahlten sich nicht aus. Mittlerweile spricht ihr Geschäfts-
konzept vor allem Unternehmen, Werbeagenturen sowie Schach-
tel- und Boxenhersteller in Deutschland und den benachbarten
Ländern an, die individuell und aufwendig gefertigte Heißfoli-
en- oder auch Blindprägungen schätzen. Zu den namhaftesten
Kunden der Manufaktur zählen mittlerweile auch **Luxusmarken**
wie Rolls-Royce und renommierte Modelabels. „Auch das ist ein
Zeichen dafür, dass wir in unserer Branche total ernst genommen
werden", freuen sich die Gründerinnen. „Dafür, dass wir vor wenigen Jahren nur mit einer Idee und alten Maschinen, aber ohne
Kapital, Kunden oder Beziehungen ins kalte Wasser gesprungen
sind, haben wir eine ganz schön weite Strecke zurückgelegt!"

Ihre **Vision?** „Wir möchten unsere Manufaktur Stück für
Stück weiterentwickeln, mehr Umsatz generieren und Mitarbeiter einstellen." Erste Schritte auf dem Weg zu diesem Ziel
sind erreicht. Dies zeigen auch die Wahl
zur Düsseldorfer Unternehmerin 2016 und
die **Nominierung** für den Award des renommierten Papierherstellers Gmund für den
besten Naturpapierdrucker.

Noch ist es für die beiden Inhaberin-
nen aber zu früh, die Verse von Mascha
Kaléko aus ihrem bereits zitierten Gedicht
in die Tat umzusetzen: „Man sollte nicht
mehr pünktlich wie bisher um acht Uhr
zehn den Omnibus besteigen. Man müsste
sich zu Baum und Gärten neigen, als ob das
immer so gewesen wär ..." Mit Blick auf den
positiven Trend der vergangenen Jahre ist
es durchaus denkbar, dass auch diese Zeilen bald auf einem Fenster der Manufaktur
zu lesen sein werden – und das vielleicht
nicht nur zum Schutz der Vögel ... ■

Nesmuk

„Das schärfste Messer der Welt"

Wolfenbüttel, anno 2006. Walter Grave, damals noch Mitinhaber einer Düsseldorfer Werbeagentur, besucht als passionierter Bogenschütze eine kleine Messe für Bogen- und Messerhersteller. An einem überschaubaren Stand präsentiert ein Schmied mit großem Geschick und leidenschaftlichem **Qualitätsanspruch** seine Jagdmesser. „Ich war von den handwerklichen Juwelen fasziniert, tauschte mich lange mit dem Schmied aus – und tüftelte wenig später mit ihm an idealen Küchenmessern", blickt Grave auf die Anfänge zurück. Er gründete im niedersächsischen Wunstorf das Unternehmen Nesmuk, das mittlerweile Messer in höchstmöglicher Schärfe entwickelt und fertigt. Dabei setzt es auf Stahlsorten, Edel-Materialien und Technologien, „die in der Schneidwarenindustrie noch nie zuvor verwendet wurden", so der Zwei-Meter-Mann.

Das Messer gilt als eines der ältesten Werkzeuge der Menschheitsgeschichte. Bis heute zählt es als unverzichtbares Arbeitsmittel zu den wenigen Objekten, die weltweit in allen Kulturen des Menschen verwendet werden. Wie kein zweiter Gegenstand des täglichen Gebrauchs besitzt das Messer zugleich eine enorme Stahlkraft und symbolisiert Beständigkeit, Stärke und Erhabenheit. Unter der Vielzahl der Messerhersteller ragt die Solinger Manufaktur Nesmuk GmbH & Co. KG heraus, die als „Ferrari der Schneidwarenbranche" gilt.

„Unsere Produkte werden unter dem Anspruch gefertigt, in ihrer **Schärfe** nicht überboten werden zu können und in jedem Anwendungsbereich den feinstmöglichen Schnitt zu ermöglichen", betont Mitgeschäftsführer Stephan Borchert. Charakteristisch sei die einzigartige Verbindung von traditionsreicher **Handwerkskunst** mit modernsten Technologien. So seien einige Konstruktionen, Materialien und Beschichtungen eigens von und für Nesmuk entwickelt worden.

Der detailverliebte Metallexperte der Manufaktur hat Politikwissenschaft und Soziologie studiert und diente danach einem Bundestagsabgeordneten als Assistent. „Messer liebe ich seit meiner Kindheit. Meinem Opa, der Fleischermeister war, habe ich immer mit großen Augen zugeschaut, wie er seine Messer

schärfte. Und als ich vier Jahre alt war, hat er mir mein erstes **Taschenmesser** geschenkt", so der Autodidakt.

Als Grave den Sprung in die Schneidwarenbranche startete, hatte er ein klares Ziel: „Ich will das schärfste Messer der Welt herstellen!" Er zeigt sich davon überzeugt, diese Mission erfüllt zu haben. Was aber macht ein Messer zu einem besonders scharfen Messer? Borchert weiß die Antwort: „Die richtige und zweckorientierte Auswahl von Stählen, beste Härte und Zähigkeit des verwendeten Stahls sind die wichtigste Voraussetzung. Der Rest ist **Schmiedekunst.**"

Der Nesmuk-Spezialstahl verfügt über einen ungewöhnlich hohen Anteil an Niob, eines der begehrtesten Metalle weltweit, das für Raketen, Pipelines oder Kernbrennstäbe verwendet wird. Dieses nach einer Sagengestalt der Antike benannte Schwermetall erhöht die Zähigkeit und Festigkeit des im Ruhrgebiet hergestellten Stahls. „Wir sind der einzige Messerhersteller, der diesen **Spezialstahl** in Serie nutzt", so Borchert.

INFO
Nesmuk Gmbh & Co. KG
Burgstraße 101
42655 Solingen
www.nesmuk.de

Ein Blick in den Betrieb des Unternehmens, das 2013 mit fünf Mitarbeitern in die Klingenstadt zog und die Zahl der Beschäftigten seither nahezu verdreifachte, macht die hohe Kunst der Fertigung deutlich. Glühend heiß ist das Werkstück, das Markus Pattschull mit einer langen Zange aus dem Schmiedeofen zieht, um es sofort unter dem Lufthammer aus den 1930er-Jahren mit 200 Schlägen pro Minute zu bearbeiten. Der Schmied, Diplom-Biologe und nebenberuflich auch Yoga-Lehrer wiederholt immer wieder die manuelle und maschinelle Bearbeitung des bei 1200 Grad Celsius erhitzten Stahls, bis das gewünschte Ergebnis erreicht ist. „Dabei wird Lage um Lage übereinandergeschichtet. Bei Kochmessern aus **Damast** liegt die Zahl zwischen 240 und 400 Lagen in der Serie. Wir produzieren aber auch Einzelanfertigungen mit mehr als 700 Lagen", erklärt Borchert. In den weiteren Arbeitsschritten wie dem Schleifen und Schärfen von Hand entstehen die Messer als „makellose Handwerkszeuge, die nichts mehr mit herkömmlichen Küchenmessern zu tun haben", formuliert Grave. Man erwarte von seiner Manufaktur ohnehin „mehr als nur Messer".

Nesmuk fertigt sie in drei verschiedenen Serien, die sich jeweils durch ihre verwendeten Stahlsorten, Verarbeitungen und

Veredelungen auszeichnen. Als **Highlight** gilt die Kollektion „Exklusiv". Bis zu vier Dutzend Arbeitsschritte nimmt die Fertigung eines dieser Messer in Anspruch – vom Feuerschweißen und Schmieden, Härten, Anlassen und Schleifen des Hohlschliffs bis zur Montage des Griffs.

Größten Wert legt das im Premiumsegment angesiedelte Unternehmen, das jährlich – Tendenz steigend – etwa 5000 Messer fertigt, auch auf ergonomische und massive Griffe für ermüdungsfreies Arbeiten. Deshalb sei die Formgebung ebenso **ästhetisch** wie praktisch. „Für die Griffe aus Holz verwenden wir ausschließlich beste, oftmals handverlesene Stücke exquisiter Qualität und zertifizierter Herkunft. Da es sich um natürlich gewachsenes Material handelt, wird jeder Griff aufgrund seiner individuellen Maserung, Farbschattierungen und Einschlüsse zu einem Unikat", so der Firmenchef.

Zusätzlich zu Messern für den Einsatz in der Küche fertigt Nesmuk auch Besteckmesser in höchstmöglicher Schärfe, neben einem Steakmesser auch den Folder – ein klappbares „Steakmesser to go". Elegante handgearbeitete **Lederstecksscheiben,** Streichriemen, Messerhalter und Holzbretter aus süddeutscher Eiche ergänzen das Angebot des Unternehmens, das seit 2013 Jahr für Jahr zweistellige Umsatzzuwächse verbucht.

Zu den Kunden, die Nesmuk vorwiegend in Europa und in den USA beliefert, zählen überwiegend männliche Hobbyköche, aber auch **Spitzenköche** wie Klaus Erfort, Dieter Müller oder Eckart Witzigmann. Das bisher teuerste Messer aus der Manufaktur hat übrigens ein Nesmuk-Fanatiker der ersten Stunde bestellt: Von dem Gesamtpreis in Höhe von 80.000 Euro entfielen alleine 30.000 Euro auf die verwendeten **Brillanten** nebst Platinzwinge ...

Historische Senfmühle Monschau

Gewürz und Heilmittel zugleich

Auch wenn der Senf nicht immer die Hauptrolle der Breuer'schen Unternehmensaktivitäten spielte, so hat er in den vergangenen Jahrzehnten wieder eine größere Bedeutung erlangt. Der Firmengründer Clemens August Breuer zum Beispiel unterhielt zusätzlich nicht nur eine Mineralwasser- und Limonadenproduktion, sondern auch eine **Reparaturwerkstatt** für Fahrräder und Autos. Im Bereich Delikatessen erweiterte er sein Angebot zudem um Mainzer Sauerkraut und Weinessig. In den 1920er-Jahren erlebte die Senfherstellung dann einen vorläufigen Höhepunkt, als sogar erstmals Exporte verbucht werden konnten. Nach dem Zweiten Weltkrieg entwickelte sich das Geschäft aber wieder rückläufig, da zahlreiche Lebensmittelgeschäfte nun in ihrem Sortiment an ihre Handelsketten gebunden wurden.

Dat Mostardmännsche kommt!" So mag es geklungen haben, als vor weit mehr als 100 Jahren zunächst zu Fuß, später dann mit Hundeschlitten und Pferdefuhrwerk von Monschau aus selbst gemachter Senf in der Region vertrieben wurde. Clemens August Breuer und sein Bruder Heinrich hatten 1882 in dem idyllischen Eifelstädtchen an der Rur damit begonnen, eines der ältesten Gewürze der kulinarischen Welt zu erzeugen. Heute wird die historische Senfmühle in Monschau von Ruth Breuer in der fünften Generation betrieben.

Mit der Übernahme der Geschäfte durch Guido Emil Breuer im Jahre 1981 wurde nicht nur das „Monschauer Weinkontor" umgebaut und erweitert, sondern auch die Senfherstellung in der ehemaligen **Tuchfabrikationsmühle** neu belebt. Auch heute noch wird hier wie in alten Zeiten der „Moutarde de Montjoie", der Monschauer Senf, zwischen alten Mühlsteinen handwerklich hergestellt.

Ruth Breuer öffnet die Tür zur Produktion, in der ein säuerlich-scharfer Duft vorherrscht. „Die Fertigung gliedert sich in drei Vorgänge, das Einmaischen und das doppelte Vermahlen. Das Mehl aus gemahlenen Senfkörnern wird mit Essig, Kochsalz und einer in der Familie überlieferten **Gewürzkombination** ohne Zugabe von Konservierungsstoffen im Maischbottich angerührt und vermischt. Hier kann die Maische ruhen und das besondere

Bukett der jeweiligen Senfsorte entwickeln", erläutert die Mühlen-Chefin.

Es folgen zwei Mahlgänge, für die das Herzstück des historischen Produktionsraums zuständig ist, zwei **überdimensionale** Mahlsteine aus Eifeler Basalt-Lavastein, jeder 400 Kilo schwer. Beim Mahlen erreichen die Zutaten ihre besondere Konsistenz, also eine gleichmäßige, intensive und vor allem dauerhafte Verbindung aller Bestandteile. „Senfmehl kann je nach Vermahlungsgrad die drei- bis vierfache Menge des Wassers binden. Verantwortlich dafür ist der Anteil an quellfähigen Kohlehydraten", betont Ruth Breuer.

Das Mahlen erfolgt im Gegensatz zu industriell gefertigtem Senf auf kaltem Weg und als Nassvermahlung, damit die ätherischen Öle freigesetzt werden, dass sie duften und ihr **Aroma** lange erhalten bleibt. Nach dem zweiten Mahlgang ist der Senf noch grobkörnig, sodass die Inhaltsstoffe gut zu erkennen sind. „Unsere Mühle kann an einem Tag 400 Kilo herstellen. Im Vergleich dazu produziert die Großindustrie täglich 20 bis 30 Tonnen", so die kreative Unternehmerin, die noch einen weiteren Unterschied zu Fabriksenf formuliert: „Dieser steigt von der Nase in den Kopf, unser Senf geht gleich in den Magen!"

INFO
Historische Senfmühle
Monschau GmbH & Co. KG
Laufenstraße 118
52156 Monschau
www.senfmuehle.de

22 unterschiedliche Sorten bietet die Monschauer Senfmühle im Original-Steinzeugtopf an. Dazu zählen der **Traditionssenf** nach dem Rezept des Ururgroßvaters ebenso wie die von Guido Breuer kreierten Sorten. Sie reichen von grünem Pfeffer und Chili über Honig-Mohn und Limone bis hin zu Knoblauch und Estragon. Neueste Kreationen sind der würzige Kräutersenf mit Biozutaten, ein malzig-süßer Biersenf sowie der sehr scharfe Senf mit Tabasco. „Als weitere **Besonderheit** haben wir nicht nur einen Kaffee-Sahne-Senf-Likör und Chutneys mit Senf entwickelt, sondern mit Unterstützung eines belgischen Confisseurs eine **Senf-praline.** Auch wenn in jeder Sorte rund zehn bis 15 Prozent Senf enthalten sind, so bleibt es dennoch eine süße Praline", versichert Ruth Breuer.

Es überrascht kaum, wenn sie darauf verweist, dass sie morgens mit Senf aufsteht und abends mit ihm schlafen geht: Zum Frühstück streicht sie süßen Senf aufs Käsebrot, mittags schmeckt sie die Salatsauce mit Senf ab und abends vollendet sie ein Rührei mit Tomatensenf. Senf, so betont sie, sei ja auch nicht nur ein Gewürz, sondern auch ein **Heilmittel.** „Nach einem alten Hausrezept wickelt man zum Beispiel einen Senfwickel um den Hals, wenn er schwillt und die Mandeln eitern." Senf täte auch dem Darm gut und bringe die grauen Zellen auf Trab.

Die studierte Germanistin kümmert sich nicht nur um die Geschäfte mit Senf, Wein und Delikatessen, sondern auch um das 1998 in einem alten Gebäude auf dem Firmengelände eröffnete Restaurant „**Schnabuleum".** Auf den zwei Etagen des liebevoll restaurierten Baudenkmals werden vielfältige Speisen angeboten – von der Monschauer Senfcremesuppe über den Eifeler Senfbraten bis hin zu einem Parfait, das durch einen Hauch des gegenüber hergestellten Gewürzes noch gewinnt.

Rund 50 Mitarbeiter zählt das Unternehmen einschließlich der Beschäftigten im Restaurant und einem Ladenlokal im Monschauer Zentrum. „Dabei bieten wir ihnen alle Teilzeitmodelle an, die nur denkbar sind", betont die Chefin, der Kinder besonders am Herzen liegen. Deshalb hat sie vor einigen Jahren auch die **Senfmaus** „Emil" geboren, die bei Führungen durch die Mühle kindgerecht Geschichten über den Senf erzählt und als Firmenmaskottchen dient. ■

Glockengießerei Petit & Gebr. Edelbrock

„Heute muss die Glocke werden ..."

Die Geschichte der mehr als 325 Jahre währenden Glockengießer-Tradition findet ihren Ursprung Mitte des 17. Jahrhunderts. Die ersten nachweisbaren Spuren tauchen mit dem zu Ende gehenden Dreißigjährigen Krieg in Lothringen auf, wo viele Glockengießer-Familien ansässig waren. Damals war das **Transportproblem** schwerer Glocken noch nicht gelöst. Deshalb mussten sie am Ort ihrer endgültigen Bestimmung gegossen werden. Zu den drei „wandernden" Glockengießer-Familien gehörten auch die Petits, deren Weg sie Ende des 18. Jahrhunderts nach Gescher führte. Die für die Glockengießerei wichtigen Lehmvorkommen trugen dazu bei, dass hier mit Alexius Petit dem Jüngeren die vierte Generation sesshaft wurde, schnell eine größere Grube errichtete, einen Ofen mit einem Fassungsvermögen von 5000 Kilogramm anschaffte und bereits 1806 drei Glocken goss.

> „Festgemauert in der Erden steht die Form aus Lehm gebrannt. Heute muss die Glocke werden, frisch, Gesellen, seid zur Hand!" Als Friedrich Schiller 1799 nach mehr als zehn Jahren sein „Lied von der Glocke" vollendete, rann der Schweiß in der 1690 gegründeten Glockengießerei Petit & Gebr. Edelbrock schon mehr als ein Jahrhundert von der Stirne heiß. Noch heute, in der zwölften Generation, werden hier im westmünsterländischen Gescher Kirchenglocken nach dem traditionellen Lehmverfahren hergestellt.

Da seine Ehe kinderlos blieb, nahm Alexius Petit d. J. seine beiden aus einer Bremer Kaufmannsfamilie stammenden Neffen Joseph und Bernhard Wilhelm Edelbrock in das Geschäft auf, das sie unter den Namen Petit & Gebr. Edelbrock fortführten. Seit Mitte der 1990er-Jahre ist Hans-Göran Hüesker Eigentümer des Unternehmens, dessen Großvater Werner Hüesker 1912 als Freund und Verwandter des ausgewanderten Carl Edelbrock die Firma übernahm. Auch für ihn ist der Guss einer neuen Glocke immer noch **faszinierend,** auch wenn die Nachfrage nach den tonnenschweren Gusserzeugnissen deutlich rückläufig ist. „Nach dem Zweiten Weltkrieg waren viele Kirchen und ihre Glocken zerstört.

Oder die Glocken wurden zu Waffen umgeschmolzen. Darum besteht heute unsere Hauptaufgabe in der Wartung, Sanierung und Restaurierung bestehender Glockenstühle und dem Ersatzguss für Stahlgussglocken", erklärt Andreas Hahner, der die Geschäfte des Traditionsunternehmens führt. Bei diesen Tätigkeiten komme dem Auftraggeber die teilweise mehr als 40-jährige Erfahrung der Mitarbeiter zugute. „Hier weiß man noch, wie ‚früher‘ gearbeitet wurde, hier kennt man alte Methoden und Techniken, um diese **Schätze** der Zeitgeschichte mit zeitgemäßen Lösungen für eine weitere Zukunft zu erhalten. Aus diesem Grund bilden wir auch zum Glocken- und Kunstgießer aus", so Hahner.

Die Herstellung einer Glocke ist ein aufreibender und schweißtreibender Prozess. Sie beginnt mit dem Betriebsgeheimnis einer jeder Gießerei, der **„Rippe"**. Dabei handelt es sich um ein Buchenbrett, auf das der Glockengießer das von ihm nach Ton, Durchmesser und Gewicht errechnete Profil der künftigen Glocke zeichnet. Das Brett dient später als Schablone.

INFO
Petit & Gebr. Edelbrock
GmbH & Co. KG
Hauptstraße 5
48712 Gescher
www.petit-edelbrock-gescher.de

Im westfälischen Glockenmuseum, das auch in Gescher zu Hause ist, erfährt der Besucher, wie der Schablone folgend aus Lehm und Ziegeln eine innere Glockenform entsteht, der sogenannte „Kern". Darüber werden immer feiner werdende Lehmschichten aufgetragen, bis die Schablone ausgefüllt und die Form der späteren Glocke entstanden ist. Dieses genaue Abbild wird als **„Falsche Glocke"** bezeichnet, auf die Verzierungen und Schriften aus Wachs aufgebracht werden. Im letzten Formabschnitt wird der Mantel gefertigt. Die „Falsche Glocke" wird vom Kern entfernt, über den der mit weiteren Lehmschichten versehene „Mantel" gestülpt wird. Dazwischen ist der Hohlraum entstanden, den vorher die „Falsche Glocke" eingenommen hat und der beim späteren Guss mit Bronze gefüllt wird. Damit die Gussform beim Befüllen mit Bronze nicht zerbricht, wird sie in der Grube in Erde eingebuddelt (*„Festgemauert in der Erden …"*).

Der Guss kann beginnen. Stunden zuvor wird der Schmelzofen aufgeheizt und mit der „Glockenspeise", bestehend aus 78 Prozent Kupfer und 22 Prozent Zinn, beschickt. Bei etwa 1100 Grad Celsius hat die Bronzeschmelze die erforderliche Gusstemperatur. Mit einem feuchten Birkenstamm wird der flüssige Brei verrührt. Proben werden genommen, die erkalten und mit einem Hammer zerschlagen werden. Am **„Bruch"** stellen die Experten fest, ob die Bronze bereit für den Guss ist.

Los geht's. Die von ihrer Schwerstarbeit gezeichneten Mitarbeiter (*„Rinnen muss der Schweiß"*) nehmen ihre Position ein. Stille. Hüesker gibt das Kommando: „In Gottes Namen." Die Umstehenden erwidern: „Im Namen Gottes." Es ist ein Freitag, 15 Uhr, die Todesstunde Jesu. Auch das gehört zu den festen **Regeln** der Gießer. Mit einem Vorschlaghammer wird der Zapfen zerschlagen, der bis dahin den Schmelzofen verschlossen hat. Qualm steigt auf, ehe sich die glühende Bronze in ein Rinnensystem ergießt, das zu den in der Erde stehenden Gussformen führt. Nach und nach füllt sich jede der sieben Formen. Wenn die Glocken in den Tagen danach ausgekühlt sind, werden sie von Hand mit dem Spaten ausgegraben, gereinigt und **musikalisch** geprüft. Die Produktion steht unter Denkmalschutz. Glocken gießen ist auch heute noch mühsame Handarbeit. Die schwerste Glocke, die hier entstand, hatte ein Gewicht von 13 Tonnen. Das Geläut steht heute in Boston.

Ob in Windhuk, San Francisco oder Vilnius, ob im Dom zu Münster, Aachen oder Frankfurt a. M. – das Geläut der Glocken aus Gescher ist weltweit zu hören. „Dabei erzeugt eine einzelne Glocke nicht einfach einen Ton, sondern eine **Sinfonie** aus verschiedenen Tönen, die aufeinander abgestimmt sein sollten", betont Hahner. Mit seinen gut 20 Beschäftigten setzt er darauf, dass das traditionsreiche Handwerk noch lange nachgefragt wird, dass der Schweiß weiterhin rinnen wird, dass auch fortan der Wunsch Schillers in Erfüllung geht, den er in der letzten Zeile seines epochalen Gedichts formulierte: *„Friede sei ihr erst Geläute!"* ■

Joh´s. Stübben

Mit Sätteln den Weltmarkt erobert

Einen Einbruch erlebte Stübben mit Ausbruch des Ersten Weltkrieges. Im Zuge der Hyperinflation sank auch die Nachfrage nach Reitartikeln. In dieser Zeit trat Carl Stübben, Sohn des Gründers, in die Firma ein. Er hatte das Handwerk wie sein Vater ebenfalls von der Pike auf gelernt und begann nun auch, **Lederwaren** zu fertigen, um den Lebensunterhalt der Familie zu sichern.

Als Johannes Stübben 1894 eine Sattlerei in Krefeld gründete, gehörten Pferde und Kutschen zum Straßenbild. Das Geschäft mit dem zunächst überschaubaren Angebot entwickelte sich von Beginn an zufriedenstellend und wurde nachdrücklich belebt, als Kaiser Wilhelm II. 1906 das 11. Husarenregiment in die Samt- und Seidenstadt verlegte. Wegen ihrer handwerklichen Perfektion und ihrer hohen Materialqualität waren die Produkte von Stübben schon bald weit über die Region hinaus gefragt – und sind es bis heute auf allen fünf Kontinenten geblieben.

Am Ende des Zweiten Weltkrieges stand die Familie nach der Zerstörung ihres Wohn- und Geschäftshauses in der Krefelder Innenstadt auf den Trümmern ihrer Existenz. Doch wenige Jahre später legte die dritte Generation die Grundlage für einen Neubeginn: Unter der Leitung von Werner Stübben schufen Ehrgeiz, Fleiß und Ideenreichtum die Basis für einen außergewöhnlichen Aufschwung: Stübben wurde zur **Weltmarke.** In den 1950er-Jahren entstand ein globales Vertriebsnetz, ein Jahrzehnt später wurden aufgrund der ständig gestiegenen Nachfrage weitere Produktionsstandorte in Irland und in der Schweiz eröffnet. Es folgten eine Produktionsstätte für Zubehör in Spanien sowie ein eigener Vertriebsstandort in den USA.

Mit der Jahrtausendwende wurde der Firmensitz von Krefeld ins benachbarte Kempen verlegt: Fertigung, Lager und Verwaltung wurden nach mehr als 100 Jahren unter einem Dach vereint. 2011 wurde hier auch die „Gläserne Manufaktur" geschaffen. „Hier können unsere Kunden zuschauen, wie Schritt für Schritt der von ihnen bestellte Sattel entsteht", betont Johannes Ralph Stübben, der als Endzwanziger 2013 in die Geschäftsführung einstieg und das **Familienunternehmen** seit 2016 mit seinem Cousin leitet.

In mehr als hundert einzelnen Arbeitsschritten werden auch heute noch die Sattel bei Stübben gefertigt. „Die Grundlage unseres weltweiten Erfolgs ist **präzise** Handarbeit. Alle stark beanspruchten Teile eines Sattels wie Sattelsitz, Sattelkissen oder Strupfen sind von Hand gearbeitet, ebenso wie Zaumzeug und weitere Lederartikel", so Stübben, der darauf verweist, dass „ausschließlich beste Leder zugeschnitten, abgekantet, gewalkt, bombiert, aufgeputzt, geködert, abgewulstet, überspannt und schließlich zu einem **Meisterstück** vollendet werden".

Das von Stübben verarbeitete Leder wird exklusiv gefertigt. „Trotz seiner Festigkeit ist es weich und schmiegsam im Gebrauch. Durch weitere Veredlung in der Produktion erhält es seine typische stumpfgriffige Oberfläche", erläutert der Chef, der nach seinem Abitur eine Ausbildung zum **Reitsportsattler** absolvierte und danach ein betriebswirtschaftliches Studium erfolgreich mit dem Master of Arts degree (M.A.) abschloss. Während dieser Zeit hatte er Gelegenheit, erste berufliche Auslandserfahrung in Kanada und Argentinien zu sammeln.

INFO

Joh´s Stübben GmbH & Co. KG
Heinrich-Horten-Straße 5
47906 Kempen
www.stuebben.com

„Qualität, Innovation und Service" – so lautet der Leitgedanke des Unternehmens, das seit mehr als 120 Jahren traditionelle Handwerkskunst und Erfahrung mit neuesten Entwicklungen und modernen Fertigungstechniken verbindet. Dabei spielt auch **Nachhaltigkeit** eine wichtige Rolle. „Es geht uns um mehr, als nur die normalen ethischen Grundsätze zu erfüllen. Die eigenen Manufakturen für Qualitätssättel und Lederartikel in Deutschland, der Schweiz sowie Spanien ermöglichen uns die komplette Herstellungsüberwachung vom Rohstoffeinsatz bis hin zum fertigen Produkt. Durch die Verarbeitung nachhaltiger Rohstoffe wie zum Beispiel vegetabil gegerbter Leder gehen wir nicht nur schonend mit der Umwelt um, sondern schaffen einen echten **Mehrwert** für Pferd und Reiter", betont Stübben.

Abgestimmt auf die Bedürfnisse von Pferd und Reiter bietet der Spezialist für Reitsportzubehör ein breites Sortiment von Sätteln für unterschiedliche Disziplinen, für den Nachwuchs ebenso wie für internationale Spitzensportler und für alle gängigen Pferderassen. Die Qualitätssicherung erfolgt regelmäßig durch das Feedback erfolgreicher **Leistungssportler** und einen Check-up der einzelnen Produkte durch ausgewiesene Experten. „Hinzu kommt, dass etwa 80 Prozent unserer gut 100 Mitarbeiter reiten und uns mit vielfältigen Anregungen weiterhelfen", freut sich deren Vorgesetzter. Ein Großteil des Teams wurde übrigens in den eigenen Reihen ausgebildet. Es spricht für das Unternehmen und dessen **Arbeitsklima,** dass zahlreiche Mitarbeiter hier ihre gesamte berufliche Tätigkeit bestreiten.

Zwischen 5000 und 7000 Sättel produziert Stübben pro Jahr, weitaus mehr Dressur- als Springsättel. „Viele Reiter wählen die Dressur als Einstieg zum Springsport, bleiben dann aber dieser hohen Disziplin treu", so Stübben. Rund zwei von drei in Kempen gefertigte Sättel werden exportiert, vornehmlich in außereuropäische Länder, in denen die Märkte wachsen. „Auch wenn jeder Reitsportler unser Produkt kennt, so ist unsere Marktdurchdringung aufgrund des starken Wettbewerbs nicht mehr so hoch wie in früheren Jahren", räumt Stübben ein. Der global agierende **Mittelständler** erzielt rund die Hälfte seines Umsatzes mit Zubehör. Die Preise eines Seriensattels für Erwachsene in bester Qualität beginnen bei 2200 Euro und können mitunter je nach Material und Beschaffung auch fünfstellige Summen erreichen. „Noch teurer wird es, wenn wir aufgrund spezieller Anfragen zum Beispiel aus den Vereinigten Emiraten zusätzlich auch Gold und **Saphire** verarbeiten", so Stübben, der die effektive Arbeitszeit für die Herstellung eines Sattels auf mehr als 20 Stunden beziffert. ■

Geigenbau Bartsch

„Ich bereue keinen einzigen Tag"

Der aus Breslau stammende Alfred Bartsch war es, der einen Steinwurf von der heutigen Werkstatt entfernt mit dem Bau des kleinsten Streicherinstruments begann, dessen Form seit rund 500 Jahren nur noch sehr wenig verändert wurde. Auch wenn zeitgenössische Geigenbauer kaum bestreiten würden, dass die Grundlagen ihrer Kunst bereits vor vielen Generationen maßgeblich formuliert wurden, so verstellt die **Faszination** für die antiken Meisterwerke nicht selten den Blick auf die hervorragenden Leistungen der Gegenwart.

Sie heißen Stradivari und Amati, Guarneri und Bertolotti – vier der bedeutendsten Geigenbauer der Geschichte. Ihre hölzernen Streichinstrumente, die sie im 16. und 17. Jahrhundert schufen, werden heute mitunter für etliche Millionen Euro gehandelt. In Anlehnung an die Modelle großer Meister entstehen seit 1903 auch beim Geigenbau Bartsch in Essen hochwertige Geigen, aber auch Bratschen und Celli – in sorgfältiger Handarbeit nach der Mittenwalder Schule.

„Ich kann mir nichts Schöneres vorstellen!" Florian Bartsch, der in vierter Generation an der massiven hölzernen Werkbank eine Geige spielfertig macht, ist fasziniert von seinem Handwerk. Dabei hat der Mittvierziger etwas länger gebraucht, ehe er eine „späte Bekehrung" erlebte. Nach einer Banklehre und dem anschließenden Betriebswirtschaftsstudium war er in der Konzernentwicklung eines Reiseveranstalters tätig. „Doch das war einfach öde, schlecht bezahlt, sinnentleert", blickt Florian Bartsch auf die Zeit Anfang der 2000er-Jahre zurück. Er spürte immer mehr, dass er das Handwerkliche vermisste, und wurde sich bewusst, wie glücklich sein Vater mit seiner Tätigkeit war. Dieser wiederum freut sich noch heute, dass sein Sohn nach Jahren der Jugendrebellion „endlich zur **Besinnung** kam" und beide gemeinsam die Tradition ihrer Vorfahren fortsetzen.

Gemeinsam mit der Geigenbaumeisterin Eva Herweg reparieren und restaurieren Vater Johann und Sohn Florian alte Violinen, machen sie spielfertig und lassen neue Meisterinstrumente nach Modellen von Stradivari und Guarneri entstehen. „Ich bereue keinen einzigen Tag seit meinem Einstieg im Jahr 2005",

betont der Gründer-Urenkel Florian, der zuvor eine Ausbildung zum Geigenbauer in **Mittenwald** absolvierte. Dessen Gesellenstück präsentiert sein Vater voller Stolz – eine Geige, in nur sechs Wochen gefertigt.

Jedes Instrument, das die Essener Geigenbauer herstellen, hat eine lange Vorgeschichte, die im Wald beginnt. Passendes Holz ist eine Rarität. Nur wenige von zehntausend Baumstämmen weisen die erforderlichen filigranen und gleichmäßigen Jahresringe auf. Bei süddeutschen **Tonholzhändlern** trocknet das Material 15 bis 20 Jahre, ehe es verarbeitet werden kann. Auf dem Werktisch findet vielfältiges Werkzeug seinen Platz, Schnitzmesser und Feilen, Zirkel und Raspeln. Der Geruch in dem Raum stammt von Knochenleim, Bernstein-Lack und Ziegenmilch. „Die Herstellung einer Violine erfordert eine aberwitzige Anzahl an Arbeitsschritten, mitunter bis zu 500", erklärt der Junior. Dabei sei die künstlerische Freiheit überschaubar.

Gefertigt werden die Streichinstrumente über die Innenform. In der Regel wird die Decke (Vorderseite) aus Fichtenstamm gemeißelt. Für den Boden (Rückseite) und die Zargen (Seitenteile) wird Ahorn verwendet. Die Decke misst 2,4 bis drei Millimeter, der Boden 2,3 bis vier Millimeter. „Wir arbeiten auf Zehntel-Millimeter und messen die Holzdicke während der Produktion mit einem **Mikrometer**", erläutert Florian Bartsch. Dies sei entscheidend für den späteren Klang der Geige. Wenn nach vielen weiteren Schritten Decke und Boden mit den Zargen verleimt sind, ist der Geigenkorpus vollendet. Es folgen der Geigenhals, an den das Griffbrett aus Ebenholz geleimt wird, ehe nach weiteren Fertigungsetappen die Lackierung erfolgt – mit bis zu 15 Anstrichen, die das Holz schützen, den Klang beeinflussen und der Geige ihre schimmernde Schönheit verleihen.

Zum Leimen setzen die Bartschs auf Hasenleim oder Klebstoff, der aus der Haut von Fisch-Schwimmblasen gewonnen wird. Dagegen umweht den verwendeten Lack ein besonderes **Geheimnis.** Verraten wird nur, dass er aus Bernstein besteht. „Aber da gibt es noch acht bis zwölf Zutaten, die wir ebenso wenig preisgeben, wie Stradivari es getan hätte", so Florian Bartsch. „Doch der beste Lack nützt nichts, wenn die Geige nicht perfekt ausgearbeitet ist", ergänzt er. Es sei jedes Mal eine Überraschung, wenn ihr die ersten Töne entlockt würden.

Rund 100 Instrumente hat Johann Bartsch bislang gebaut, sein Sohn Florian fünf. Er spielt wie sein Vater Cello. „Und deshalb werde ich auch auf jeden Fall eins bauen", gibt er sich zuversichtlich. Zwischen 8000 und 12.000 Euro liegt der Preis für eine handgefertigte Violine, deren Herstellung etwa 200 bis 220 Stunden in Anspruch nimmt. Neben dem Bau neuer Instrumente widmet sich der Traditionsbetrieb neben kleinen Reparaturarbeiten auch großen und aufwendigen **Restaurationen.** Zu den Kunden von Bartsch zählen private Musiker ebenso wie Profis, seien es Orchestermitglieder der Essener Philharmoniker oder der Düsseldorfer Symphoniker. „Wir sind allerdings kein Freund von Instant-Reparaturen, gut Ding will Weile haben", betont Florian Bartsch. Deshalb würden größere Reparaturen aufgrund der erforderlichen Wartezeiten zwischen den einzelnen Arbeitsschritten bis zu sechs oder auch acht Wochen dauern können.

Florian Bartsch geht davon aus, dass die etwa 30 Geigenbauer in Deutschland, die von ihrer Größe und Professionalität her vergleichbar mit der Essener **Meisterwerkstatt** sind, ihr Handwerk noch lange ausüben könnten. Ob dies auch für die fünfte Generation der Essener Geigenbauer-Familie ein Thema sein könnte? „Meine beiden Jungs sind sehr gerne hier und schauen ihrem Opa und Papa mit wachen Augen über die Schulter. Doch noch haben die zwei einige Jahre vor sich, ehe sie eine Entscheidung treffen müssen", betont Florian Bartsch. Wer weiß, vielleicht nimmt ja einer von ihnen einen ähnlichen Umweg wie der Vater.

*Für Tina, meine geliebte Frau,
mit Dank für die Begleitung bei
meinen Manufaktur-Gesprächen und
die Erstellung zahlreicher Fotos.*

Bildnachweis

Fotos: Tina Dreesbach
Außer: S.9 und 11: Pott au Chocolat; S.17 und 19: Müsing; S.25 und 27: Graef;
S.29 und 31: GelatoMio Eismanufaktur; S.33 und 35: Sudhaus;
S.37 und 39: Heilandt; S.41 und 43: Bürstenhaus Redecker; S.45 und 47: Waldkauz;
S.49 und 51 (unten): Bonbonmacher Anno 1900; S.53: Anna Kaduk; S.57 und 59:
Printenbäckerei Klein; S.61 und 63: Gerber; S.65 und 67: Rheinland Distillers;
S.69 und 71 (oben): kadó; S.73 und 75: M. Westermann und Co.; S.77 und 79:
Flair Modellbrillen; S.81 und 83: Engels Kerzen; S.85 und 87: bwh Spezialkoffer;
S.89 und 91: die kompotterie; S.95: Papierfabrik Zerkall Renker & Söhne; S.97 und
99: Werkladen Conzen Kunst Service; S.101 und 103: Aug. Krämer Kornbrennerei;
S.105 und 107: Einstein Audio Components; S. 109 und 111: Ascot Karl Moese;
S.113 und 115: Deumer; S.117 und 119: Ziegel- und Klinkerwerke Janinhoff; S.129
und 131: Stadtmagazin KRO-NE; S.133 und 135: BW Bielefelder Werkstätten;
S.137 und 139: mono; S. 141: Andi Schmid; S. 143: Maxim Schulz (oben),
Michael Zapf; S.145 und 147: Prägemanufaktur Kaeser & Putziger; S.149 und
151 (oben): Nesmuk; S. 153 und 155 (oben): Historische Senfmühle Monschau;
S.157 und 159: Glockengießerei Petit & Gebr. Edelbrock; S.161 und 163:
Joh's. Stübben; S.167: Geigenbau Bartsch

Bibliografische Information der Deutschen Nationalbibliothek
Die Deutsche Nationalbibliothek verzeichnet diese Publikation
in der Deutschen Nationalbibliografie; detaillierte bibliografische
Daten sind im Internet über http://dnb.d-nb.de abrufbar.

© 2018 Droste Verlag GmbH, Düsseldorf
Konzeption/Satz: Droste Verlag, Düsseldorf
Einbandgestaltung: Guido Klütsch, Köln, unter Verwendung von Bildern von
Aug. Krämer Kornbrennerei, bwh Spezialkoffer, Deumer, die kompotterie,
Historische Senfmühle Monschau, Müsing, M. Westermann & Co., Nesmuk,
Pott au Chocolat, Redecker, Stadtmagazin KRO-NE, Waldkauz
Druck und Bindung: Gutenberg Beuys Feindruckerei GmbH, Langenhagen
ISBN 978-3-7700-2055-3
www.drosteverlag.de

Alle Abweichungen, die nach Redaktionsschluss erfolgten,
konnten im Buch nicht mehr berücksichtigt werden.
Hinweise und Änderungen nehmen wir gerne entgegen.